SOMNAMBULISME & MAGIE

SOMNAMBULISME
ET
MAGIE

PAR

Madame DULORA DE LA HAYE

AUTEUR DE

SCIENCES OCCULTES

PHRÉNOLOGIE, CHIROMANCIE, CARTOMANCIE, etc.

ET DES

TAROTS HIÉROGLYPHIQUES ÉGYPTIENS EXPLIQUÉS

PARIS

HAYARD ET Cie, ÉDITEURS

146, Rue Montmartre

—

1896

A Monsieur le Docteur J.-W. LORENTZ,

Jersey City Heights Sanatorium
New-Jersey. — U. S. A.

Cher et vénéré Maître,

Inévitablement, c'est vers vous que se reporte toute ma pensée, maintenant que j'ai voulu produire au jour quelque chose des doctrines que vous m'avez enseignées.

Je me souviens avec quelle patiente affection vous avez assoupli et façonné mon intelligence en la dirigeant vers des études qui paraissaient alors bien arides à ma jeune imagination.

Mais vous n'avez reculé devant aucune recherche et votre ingéniosité savait toujours rendre moins ardues les dissertations sur lesquelles vous avez étayé ma foi ; en un mot, si je n'ai pu acquérir toute votre science expérimentale, du moins vous m'avez communiqué votre ardent courage. Autant qu'il a été en mon pouvoir, vous parti, j'ai suivi vos traces et me suis mise à la poursuite incessante de la Vérité.

Je vous envoie donc ce Livre, qui touche dans leur ensemble à toutes les sciences auxquelles vous avez su m'intéresser.

J'espère que vous voudrez bien lui accorder votre attention bienveillante et si, après cette lecture, vous jugez que votre élève n'a pas trop démérité, je vous prierai d'ajouter quelques pages qui, dans le monde un peu jaloux des lettrés psychiques, me serviront d'introduction.

Présenté sous l'égide de votre haute autorité, nul doute que ce petit ouvrage ne détourne de son côté un peu de cette attention que le public accorde si rarement de nos jours à tout ce qui démontre une ferme et absolue croyance.

C'est dans cet espoir, cher Maître, que je vous prie d'agréer l'expression de parfait dévouement et d'éternelle reconnaissance de la respectueuse élève que vous avez formée.

Dulora de La Haye.

A Madame DULORA DE LA HAYE,

à *PARIS*.

Vous ne sauriez croire, chère amie, le plaisir que m'a fait éprouver votre lettre.

A vrai dire, la forme m'en a semblé un peu cérémonieuse, mais je ne puis me défendre d'être très sensible aux bons sentiments et aux bons souvenirs que vous me gardez encore.

Vous pensez si je m'empresse de saisir l'occasion que vous m'offrez de dire en préface de votre excellent petit ouvrage tout ce que je sais de vous et tout ce que j'en pense.

Je vais donc me donner à moi-même l'occasion d'évoquer une époque où, plus jeune et plus actif, rien ne m'arrêtait dans mes travaux, — ni les recherches poudreuses, ni les passionnantes expériences.

Les succès, même les déceptions, ne faisaient que stimuler mon ardeur et il me fallait étendre toujours plus loin le champ des découvertes acquises.

Je sens, hélas, aujourd'hui, ma vieille mécanique humaine bien rouillée ; mais ce m'est une suave consolation, dans la détresse de cet effondrement, de penser que les idées pour lesquelles j'ai combattu, continuent leur marche ascentionnelle... Et puis, vous êtes vraiment comme ma *fille spirituelle* et je vois, par votre Livre, que je vais revivre un peu dans mon enfant.

De tout cœur je vous embrasse,

Dr J.-W. LORENTZ.

P.-S. — Avant de vous l'envoyer, je viens de relire l'*Avant-Propos* que vous m'avez demandé pour votre *Somnambulisme*, et, ma parole, je suis confus de voir que, sous couleur de donner des détails biographiques vous concernant, c'est de moi que j'ai parlé tout au long. Ma foi, tant pis, je n'y change rien. Pourquoi aussi nos deux destinées ont-elles été mêlées si intimement l'une à l'autre? J'encours le reproche d'égoïsme, mais que ce petit livre tombe par hasard entre les mains d'un seul des amis que j'ai laissés dans ce beau pays de France où rien de moi n'a paru depuis plus de vingt-cinq ans que quelques articles de science métaphysique, et le suffrage et le souvenir de cet ami sauront m'exonérer du péché de vanité dont je vais encourir la juste accusation.

J.-W. L.

AVANT-PROPOS

AVANT-PROPOS

C'est le soir ; le chef de la famille vient de rentrer à la maison. Autour de la table, sont assis les enfants, pour le repas, et la mère découvre une soupière aux formes rondes d'où s'échappe une vapeur appétissante. L'artisan aspire bruyamment l'odeur chaude du légume populaire en s'écriant d'un air ragaillardi : *Je crois que voilà une bonne soupe aux choux.*

C'est là, je l'espère, une proposition simple, et il ne vient à l'esprit d'aucun des convives de répliquer : « Qu'entendez-vous par ces paroles ? « Non, tout le monde a compris et approuvé l'énoncé de cette phrase qui représente une idée parfaitement concrète.

Mais, supposons maintenant que, dans une réunion quelconque, une voix s'élève qui prononce ces quatre mots : « *Je crois en Dieu* ». De suite, les autres assistants trouveront cette déclaration intempestive ; les plus indulgents en riront en haussant les épaules ; à la vérité, personne, excepté peut-être l'auteur même de ce scandale, ne comprendra ce qu'il a voulu dire.

Car, sans compter ceux qui ne veulent pas admettre Dieu, chacun a sa façon de le comprendre. Pour d'aucuns c'est un vieillard à barbe blanche, avec une quantité de saints et d'anges qui jouent de la harpe ; pour d'autres, c'est le Grand Architecte de l'Univers avec un immense compas ; pour presque tous d'ailleurs, c'est un mythe, une simple invention des hommes qui l'ont créé à leur image.

Mais la surprise et les quolibets viendront surtout de ce qu'il semblera ridicule de soulever un sujet de conversation aussi peu matériel, tant notre nature est aujour-

d'hui réfractaire à toute idée abstraite. C'est au point qu'il y a comme une sorte de respect humain à s'occuper de ces questions, alors qu'on voit tous les hommes entraînés dans la lutte brutale à laquelle nous obligent les exigences de la vie.

Cependant, ce qui frappe le plus dans cette poussée vers le scepticisme, c'est l'athéisme des savants officiels et les énormes proportions qu'il prend dans le public.

Les médecins et les professeurs, aujourd'hui forcés de constater des phénomènes qu'ils avaient niés jusqu'alors, et se voyant incapables d'arrêter le mouvement de vérité, ont entrepris de le diriger. On ne saurait nier toutefois les immenses services qu'ils ont rendus à la cause des sciences occultes en donnant l'explication scientifique de certains phénomènes. Mais l'absolutisme de leurs théories les empêche de tirer les déductions justes de leurs découvertes. Ils répugnent à aller vers l'idéalisme, ne comprenant pas que là seulement est la solution et la raison d'être des expériences qu'ils multiplient sans savoir où ils vont.

Quelques-uns voulant établir que la matière est l'unique force qui régisse le monde ont bâti un système dans lequel ils ont essayé d'emprisonner les sciences nouvelles qui gênaient leur conception de la nature humaine.

De leur côté, les prêtres chrétiens, les catholiques particulièrement, ne veulent rien lâcher des doctrines dont on croirait qu'ils ont perdu le sens et continuent à tenir cachés au peuple, les magnifiques symboles de leur religion dont il est bon de rappeler ici la haute valeur philosophique.

La Vierge-mère par exemple, c'est le principe de l'identité des contraires. Le oui et le non sont équivalents. On peut nier et affirmer tout. Or, Vierge et mère se contredisent si on les considère, disent les philosophes, dans le même temps et sous le même rapport, soit dans le même être, dans une même femme. Elle engendre l'absolu, ou Dieu, le Messie, le Fils, parce que l'homme futur qui pourra concevoir le

Phénomène « *Pas* » en dehors de ses formes affirmatives ou négatives, aura fait un pas immense dans l'évolution psychique. Le scepticisme, en annonçant que la certitude n'existe pas, que le oui et le non se prouvent également bien sur toutes choses, prépare l'esprit à cette conception future de l'absolu, pour laquelle nos intelligences encore trop imparfaites demeurent impropres.

C'est ainsi que par un effet de réaction naturelle l'athéisme nous amènera à un déisme d'essence plus éthérée et embrassant l'Univers tout entier.

Nous pourrons alors mieux comprendre cet autre admirable symbole de l'Hostie ronde qui est le cercle éternel, l'emblème du mouvement elliptique propre aux astres, aux soleils, aux planètes en marche autour d'un centre inconnu. L'hostie, c'est l'emblème du mouvement universel, des forces universelles, de l'ensemble de ces forces, par conséquent de Dieu, si l'on entend par ce nom ce que les Hébreux entendent par le pluriel Ælohim, « *Lui-les-Dieux* » l'ensemble des Forces Inconnues.

Ce mouvement met en branle la matière subtile, l'éther, qui, sous certaines conditions, s'échauffe, s'enflamme, tourne fragmentairement par tourbillons, dont quelques-uns sont nommés nébuleuses, soleils, étoiles, planètes. Le mouvement engendre la chaleur, le feu, d'où dépend toute vie végétale et animale, et même la maturité du froment qui sert à fabriquer l'hostie.

Le communiant mange donc le monde, et la présence réelle de Dieu, puisque ce résidu de froment est une résultante du mouvement de l'ensemble des forces inconnues, d'Ælohim, de Dieu.

Voilà pourquoi Jésus dit, avant que la simplification catholique eut substitué l'hostie au pain et au vin : « Ceci est mon corps, ceci est mon sang ! » Avec la faculté de généralisation que possèdent les orientaux, il se prétendait de même essence que le pain, le vin, la création et l'ensemble des forces ou Dieu.

Certainement, les prêtres n'enseignent point cet ésotérisme des mystères. La religion s'écroule pour n'avoir point voulu le révéler. Les hérésiarques des premiers siècles chrétiens tentèrent cette révélation, on les extermina. Mais aux premiers siècles, et il faut en tenir compte, les prêtres, les évêques s'adressaient à des Barbares sans instruction qui n'auraient rien compris à l'identité des contraires, ni à la signification cosmogonique de l'hostie, tandis que le miracle les intéressait.

D'ailleurs, ce mode d'initiation par degrés fut toujours celui des religions orientales. Ainsi la légende d'Abel et Caïn comporte plusieurs sens. A l'initié rustique, on dit « Ne tue pas le faible, parce que la loi le venge ». Plus tard, on lui découvrira qu'Abel est la force centrifuge, et Caïn la force centripète ; qu'Abel est la vaporisation (la fumée du sacrifice monte au ciel) et Caïn la solidification de la matière ; qu'Abel est l'affirmation, la pensée métaphysique, l'abstraction qui s'élève jusqu'à concevoir l'absolu, et Caïn la négation, la pensée positive, le concret, le phénomène de la vie pratique. Ils sont fils d'Adam, parce que la race humaine née de la Terre rouge, de la terre échauffée, finit par engendrer l'intelligence, sous ses deux formes affirmative et négative.

On pourrait ainsi expliquer sans fin le symbolisme de la Bible et des Evangiles. Les paraboles couvrent les idées admirables. Il conviendrait que chaque homme intelligent le démontrât autour de lui, et réussit à convaincre les propagateurs de l'athéisme. L'intelligence générale s'accroîtrait, partant la tolérance, l'indulgence, la bonté.

Ce sont ces mêmes sentiments dont je retrouve la marque tout au long du présent petit livre et c'est surtout aussi cette haute idée de la Foi, la Foi en l'absolu, la Foi en Dieu, sans laquelle la pauvre humanité resterait éternellement bestiale dans ses mœurs et dans ses aspirations ; c'est elle, la foi sincère qui anime chacune de ces pages et répand sur ces choses abstraites une communicative chaleur.

L'auteur, du reste, peut traiter ces questions en toute compétence ; on le comprendra quand j'aurai donné sur sa personne quelques renseignements nécessaires. Son passé et celui de sa mère auquel le mien s'est trouvé mêlé d'une manière si intime a laissé dans mon esprit de profonds souvenirs.

Je vais en noter ici les lignes principales, et, qu'on me pardonne si, voulant parler de Madame Dulora et de sa famille, je me trouve amené à parler aussi beaucoup de moi-même.

C'est en 1860 que j'eus l'idée de venir à Utrecht, en Hollande, pour exercer ma profession ; je venais de faire de longs séjours dans des Universités étrangères où j'avais tenu à pousser mes études plus loin qu'on ne fait ordinairement. J'étais, à cette époque déjà, un fervent adepte des théories nouvelles de Mesmer et de Gall et la philosophie de mon compatriote Spinosa n'avait pour moi aucun secret. Quelle aubaine ce fut donc de trouver dans la famille Dulora, dont j'étais devenu l'ami et le médecin, une jeune femme douée d'une étrange sensibilité et chez qui les sommeils magnétiques produisaient les plus stupéfiantes révélations. Je résolus d'étudier attentivement ces curieux phénomènes, et je me livrai tout entier dans ce sens à des études absorbantes qui devaient décider de la voie spéciale que, depuis cette époque, j'ai toujours suivie.

Peu de temps après, j'eus l'occasion de faire voir le jour à Mlle Mariéje Dulora de la Haye, l'auteur du présent ouvrage. Relativement à cette naissance, je tiens à signaler un fait d'autant plus étrange que, dans toute ma carrière, c'est la seule fois que j'aie pu le constater. L'enfant, en venant au monde portait sur la face un voile comme découpé naturellement de la membrane de l'œuf ; je m'assurai de suite que le placenta n'avait pas de risques à courir de cet incident bizarre et qu'il n'en pouvait rien résulter contre la santé de la mère.

J'assistai alors, dans la famille, à une grande explosion de joie ; tous considéraient l'enfant comme *née coiffée*, ce qui est d'un excellent augure pour l'intelligence de l'enfant, ainsi prédisposé, disait-on autour de moi, aux plus hautes facultés divinatoires.

Dans certaines régions de la France, en

Bretagne, on conserve comme un talisman, cette coiffe membraneuse dite *coiffe de bonheur* et les jeunes gens qui la possèdent n'oublient pas de s'en munir le jour du tirage au sort.

Je sais de la jeune mère qu'elle était née la face couverte de cette même membrane et que, dans la famille, pareil phénomène s'était déjà plusieurs fois produit.

Faut-il ou non croire qu'un enfant né avec cette marque ait été par cela même providentiellement distingué des autres et par conséquent doué des plus hautes facultés animiques ? C'est une question que je n'entreprendrai pas de résoudre, d'autant que, comme beaucoup de problèmes d'ordre moral, elle ne comporte pas de solution mathématique.

Mais, aujourd'hui que j'ai assisté à tout le développement de cette intelligence, je puis dire que, même sans aucun signe physique, cette enfant était réellement douée.

Quelques mois plus tard, le mari, un hollandais de descendance espagnole, au caractère hardi et aventureux, partait pour le Cap où il avait déjà fait deux voyages. Rêvant de faire une fortune rapide, il allait là-bas avec une pacotille qu'il échangeait pour des diamants qu'il venait revendre ensuite en Europe.

J'étais moi-même parti pour Leipzig dont l'université offrait un champ plus vaste à mes travaux. J'y restai près d'un an et je retournai à Utreckt.

Dès mon arrivée, je fis une visite à mes amis. Je trouvais la jeune mère en larmes ; elle ne put m'expliquer la cause précise de cette douleur qui l'avait prise depuis quelques jours, et elle me pria elle-même de l'endormir et d'obtenir qu'elle se transportât à la suite de son mari à qui, d'après son pressentiment, il était arrivé malheur.

A ce moment même et en ma présence, le facteur apporta une lettre portant le timbre de la Colonie du Cap. Elle s'en saisit avidement et resta un instant, la lettre à la main, les doigts crispés, les yeux perdus, et tout à coup elle éclata en sanglots, en s'écriant : « Il est mort ! il est mort ! »

— « Mais, lui dis-je, en prenant la lettre de ses mains, vous êtes folle, ma pauvre amie ! c'est son écriture, la lettre est datée de Maritzbourg, au Cap, et la date en remonte à quatre mois. Il est sans aucun doute en route pour revenir.... »

— « Il est mort, vous dis-je, reprit-elle ».

Dès qu'elle fut plus calme, elle ouvrit la lettre :

— « A quoi bon, dit-elle encore, je sais bien qu'il va m'apprendre qu'il sera dans nos bras dans quinze jours..... Et je ne le reverrai jamais vivant ! »

Je sortis, l'abandonnant seule à sa douleur et aussi pour laisser un intervalle de quelques heures entre son agitation présente et le sommeil magnétique qu'elle me demanderait certainement de provoquer.

Dès que je revins dans l'après-midi :

— « Je vous attendais, me dit-elle, je suis prête, je veux voir comment tout cela est arrivé ».

Elle me fit d'abord prendre connaissance de la lettre. Le malheureux l'avait écrite d'un style joyeux et confiant ; il était en pleine prospérité et en pleine santé ; il attendait encore plusieurs jours pour traiter quelques derniers échanges et allait rapporter en Hollande une provision double de valeur de celle qu'il avait déjà gagnée dans ses précédents voyages. C'était la fortune ! Deux semaines après il s'embarquerait à Port-Natal pour le Cap où il prendrait un navire hollandais qui le ramènerait auprès de sa femme et de sa fille ; il resterait longtemps avec elles cette fois avant de repartir.....

Hélas ! tous ces projets de bonheur devaient s'écrouler !

J'endormis la pauvre femme pour l'interroger ; c'était la première fois que j'exerçai ce terrible sacerdoce du magnétiseur dans des circonstances aussi dramatiques et tous les détails en sont encore présents à mon esprit. Sur mes suggestions, elle se mit donc à suivre son époux à partir du moment où il avait écrit cette même lettre qu'elle avait alors dans les mains ; elle le vit quelques jours plus tard en compagnie de gens avec qui il parlait diamants et marchandises. Un de ces hommes voulut l'entraîner dans une maison de jeu. Il refusa, mais ayant accepté de prendre avec ses nouveaux amis plusieurs verres de genièvre, elle vit ce même homme lui verser dans son verre quelques gouttes d'un liquide qu'elle ne put reconnaître.

Elle vit son malheureux époux, au moment de rentrer à l'hôtel, tomber lourdement sur le sol ; il fut porté plutôt que conduit avec une apparente sollicitude dans sa chambre où on le coucha. Le lendemain, le réveil fut terrible ; tous ses diamants, toutes ses valeurs, tous ses bijoux volés ! Pourtant, on lui avait laissé son revolver. Il erra encore pendant quelques jours, sans boire, sans manger, à la recherche du voleur ; puis, reconnaissant que ses poursuites seraient vaines toujours, un matin, il écrivit quelques mots d'éternel adieu à sa femme à qui il demandait pardon pour l'acte qu'il allait commettre, et, dirigeant le canon de son arme sur sa tempe, il se brûla la cervelle.

Cette triste fin fit fondre en même temps sur cette malheureuse famille le deuil et la ruine. J'étais resté l'ami fidèle, rattaché surtout près de la pauvre veuve par un âpre besoin de continuer des expériences de somnambulisme auxquelles elle se prêtait volontiers. Mais, ses ressources s'étant épuisées, elle me fit part un jour de la résolution qu'elle avait prise d'utiliser ses facultés pour éviter à sa mère et à sa fille de tomber dans la misère.

Rien n'était plus facile et je l'assurais de mon concours, pour l'endormir, l'interroger et la réveiller, avec toute la méthode précise que réclamait son tempérament à la fois si subtil et si sensitif.

J'accompagnai donc mon médium successivement à Amsterdam, Gand, Liège, Rotterdam, puis à Paris où nous avions été demandés par le Duc de M... alors tout puissant à la Cour impériale.

Nos séances de somnambulisme eurent un certain retentissement dans la haute société parisienne, malgré que la franchise du médium et sa persistance, quand on l'interrogeait sur les destinées de l'empire, a prédire les prochaines catastrophes, lui aient attiré de nombreuses et acerbes critiques de la part des courtisans et des journalistes tout dévoués à cette monarchie de mœurs et d'argent faciles.

D'autres personnes, il est vrai, avaient comblé Mme Dulora de cadeaux princiers.

Mais, un peu lassée de tout ce tapage, elle résolut de retourner à Utrecht, où elle retrouva sa fille grandie et sa mère très malade, très épuisée, allant vers sa fin. Elle ne voulut plus quitter la pauvre vieille, son agonie dut-elle durer un ou deux ans. D'ailleurs, elle avait bien gagné le repos qu'elle voulait goûter et je repartis seul pour Paris en quête de nouveaux sujets d'étude.

Je passai alors quelques années dans cette métropole, refuge de tout illuminé, centre de toute lumière. C'était la fin de l'Empire, tout s'effritait et l'on sentait dans l'air surchauffé de fêtes et d'agiot l'orage qui devait bientôt tout balayer. Vint donc la guerre, puis Sedan et, au 4 Septembre, la proclamation de la République à Paris. Quoique étranger, je ne voulus pas abandonner cette malheureuse et grande cité et, pendant le siège, je fis partie d'un corps franc qui passait ses nuits à faire le coup de feu dans les bois, plus loin que les avants postes.

Puis, la paix fut signée — honteuse, non pour le peuple auquel ils avaient menti — mais pour ceux-là même qui la signèrent. Je ne sais comment ni pourquoi un beau matin, je me trouvai faire partie de la Commune, comme directeur des ambulances d'un certain réseau. Titre oblige, et je me crus d'autant plus obligé par celui qu'on m'avait décerné, sans crier gare, qu'il était purement honorifique et que les fonctions, mal définies du reste, n'en étaient nullement rétribuées.

Mon zèle et aussi ma qualité d'étranger furent mal vus et mal jugés par les médecins, mes collègues, et comme, en somme, il me devenait difficile de me dévouer et de donner mes soins, avec ces jalousies sourdes, autour de moi, je préférai démissionner. Impossible de partir d'ailleurs. Peut-être pas bien tranquille, car les circonstances ne comportaient pas beaucoup de placidité, mais du moins sans responsabilité ni occupations officielles, je me préparais à attendre la fin des événements.

Sur ces entrefaites, je reçus la visite d'un étudiant de Bois-le-Duc, qui, étant passé par Utrecht, avait vu Madame Dulora. Sachant qu'il venait à Paris, elle l'avait conjuré de me rejoindre par tous les moyens pour me remettre un pli d'une importance, disait-elle, considérable. Le brave jeune homme avait profité d'une accalmie, une sorte d'armistice de quelques heures pendant lesquelles les francs-maçons s'étaient tenus aux avants-postes, insignes et drapeaux blancs déployés pour obtenir de parlementer. Une fois dans l'enceinte, il était, non sans peine, parvenu à me trouver. La lettre ne contenait que quelques mots. « Mes pressentiments me font croire que vous êtes en danger de mort. N'hésitez pas, quittez la France immédiatement. »

De toute autre signataire, pareil avertissement m'eut laissé froid, mais j'étais moi-même témoin immédiat des dures épreuves qu'elle avait prédites à ce pauvre peuple de Paris et je n'hésitais pas à m'enfuir à la faveur d'un déguisement. Il n'était que temps, quelques jours après, les Versaillais pénétraient dans Paris et massacraient tous les suspects.....

Ce fut sept ans plus tard, après l'amnistie, que, de retour d'un long voyage aux Etats-Unis, je revins à Utrecht pour y voir l'amie dont la clairvoyante affection m'avait sauvé. Je la retrouvai, pratiquant encore le somnambulisme, mais seulement au profit de quelques particuliers dont la clientèle restreinte et dévouée suffisait à son ambition.

Depuis longtemps l'aïeule était morte, mais, en revanche, — revanche qui correspond aux justes lois de la Nature, — l'enfant était devenue une jeune demoiselle, de taille plutôt petite mais parfaitement développée et dont le regard et la physionomie tout entière reflétait une continuelle recherche d'esprit. Inutile de dire si le vieux transfuge fut bien accueilli par ces deux femmes et l'on m'assura combien souvent on avait regretté mon absence et désiré mon retour.

La mère, en effet, m'avoua n'avoir jamais voulu confier qu'à moi seul le développement des facultés médianimiques de la jeune Marièje. Je m'essayai à l'examen moral de cette jeune personne et restai stupéfié de voir l'esprit de pénétration et l'instinct de divination dont elle donnait déjà des preuves constantes. Pourtant, cette acuité du sens intuitif m'effrayait plutôt au point que j'hésitai quelques temps avant de commencer les expériences de magnétisme, et encore quand je m'y décidai, je crus devoir procéder avec une pondération méticuleuse par des séances progressives de quelques minutes à peine.

Mais mon sujet allait plus vite que son professeur et, en quelque sorte, ce fut moi qui dus marcher à sa remorque. Alors les expériences furent presque quotidiennes et cela pendant près de dix-huit mois. Au début j'avais eu des inquiétudes, craignant que de tels exercices pussent nuire soit à sa santé, soit à son développement physique, soit à sa raison, mais je fus vite contraint de reconnaître que l'état de somnambulisme lucide était devenu chez elle une seconde nature, si ça n'était pas plutôt réellement la première (1).

Mes relations avec la haute société américaine, tant à Paris qu'à Londres, m'appelèrent à différentes reprises à faire un séjour de quelques semaines dans ces deux capitales. Mme Dulora m'y accompagna donc plusieurs fois, emmenant avec elle sa fille, la jeune Marièje, mon nouveau sujet. Je donnai, dans quelques Cercles privés, des séances qui ne manquèrent pas de conquérir à la jeune somnambule une juste notoriété. Est-ce à dire qu'il n'y eut à son adresse et à la mienne que des louanges ? Il faudrait bien mal connaître l'humaine nature pour croire qu'il en put être ainsi. Les revues scientifiques et les journaux de haute fantaisie se donnèrent

---

(1) J'ai relaté très longuement et au point de vue de la technique pure, cet entraînement et les procédés de progression qu'il avait comportés dans un livre intitulé ; *The experimental processus in Magnetism and Somnambulism*. Boston 1881.

la main pour dénigrer des expériences que nous avions voulu garder secrètes. Ni les démonstrations contraires des savants de mauvaise foi, ni les quolibets des chroniqueurs, aveugles volontaires, pîtres qui veulent surtout amuser le monde, ne furent épargnés aux malheureux chercheurs de vérité.

Heureusement, de hautes influences nous restaient : à Paris, l'honorable Edward-F. Noyes, Ministre plénipotentiaire des Etats-Unis d'Amérique et à Londres, l'honorable John Walsh, son collègue, ainsi que Lord D. nous offraient, par l'accueil qui nous était fait dans les milieux où s'étendait leur autorité sociale, une ample compensation à ces déboires.

Mais si, d'un côté, Marièje restait, malgré la répétition quotidienne des séances, un médium infatigable et impeccable, il n'en était pas de même, hélas, de votre serviteur. Cette tension de ma volonté et, pour mieux dire, de tout mon être vers mon sujet engendra bientôt chez moi des états de prostration qui, certainement, étaient les prodromes d'une affection cérébrale dont je devais au plus tôt enrayer les progrès.

C'est ainsi que je dus renoncer à ces études auxquelles j'avais pensé pouvoir me consacrer et que, m'étant vu proposer la direction d'un établissement de santé près de New-York où le service ne m'astreignait qu'à des fonctions peu fatigantes, j'acceptai, non sans serrement de cœur, et je dus prendre congé des deux excellentes femmes.

Il serait fastidieux sans doute, aujourd'hui, de rappeler les nombreuses expériences d'hypnotisme, de magnétisme et de somnambulisme auxquelles je me livrai, en me servant de la jeune Marièje Dulora comme sujet. C'est une longue étude que j'ai relatée, sous forme d'articles parus et éparpillés dans différentes revues scientifiques tant aux États-Unis qu'à Londres et dans des termes peu capables d'intéresser les lecteurs du présent ouvrage.

Il faut surtout ici une grande netteté d'expression et ne présenter aux gens du monde que des mots usités et facilement saisissables. C'est un problème délicat surtout dans des matières tellement abstraites qu'elles forcent aux termes techniques et aux néologismes. Et pourtant, je vois que cette question s'est trouvée résolue dans ce petit livre écrit par une femme, ayant avant tout l'instinct de la clarté.

Cette brochure sera ainsi plus accessible au public, qui pourra en tirer un plus grand profit que de la plus volumineuse des bibliothèques et des ouvrages les plus brillamment composés par les savants à système ou par les mages modernes, grands amateurs d'ésotérisme.

Dr J.-W. L.

SOMNAMBULISME

ET

MAGIE

CHAPITRE PREMIER

I

Nécessité de la Précision dans la Signification des Mots.
Les Sciences prétendues nouvelles.
Les Savants officiels.
Le Matérialisme universel.
Programme du Livre.

I

De la discussion, paraît-il, naît la clarté. Et c'est sans doute parce qu'on n'a jamais autant discuté qu'à notre époque que nous nous figurons vivre dans un Siècle de lumière. Il arrive pourtant que, le plus souvent, de la discussion naisse la profonde confusion, et que les adversaires restent en présence, n'ayant l'un et l'autre rien abandonné de leurs idées premières, davantage aigris l'un contre l'autre, et s'accusant mutuellement de partialité, de mauvaise foi ou d'insanité.

Quand les entretiens portent sur des sujets philosophiques, les divergences d'opinions proviennent généralement de ce que les termes employés de part et d'autre n'ont pas été compris de la même manière, et alors les discussions s'égarent dans tous les sens et les interlocuteurs perdent complètement de vue le point de départ.

Donc, indépendamment de la nécessité qui s'impose d'abord de limiter le sujet, il est encore absolument nécessaire de bien définir certains mots, de manière que, chaque fois que l'un d'eux se présentera, il exprime pour tous bien nettement la même idée, sans aucune équivoque possible.

Qu'on me permette de citer un exemple qui, si futile qu'il paraisse, me fera cependant mieux comprendre. Il est un jeu de société, innocent certes, et plus relevé que le Corbillon ou que M. le Curé n'aime pas les O ; voici en quoi il consiste : une personne *pense un mot* ou plutôt un nom ou substantif ; cela peut être un nom propre ou commun, peu importe, mais il doit avant tout représenter dans l'esprit de celui qui le *pense* une chose absolument définie, c'est-à-dire que si ce mot est susceptible de plusieurs interprétations, il est tout à fait nécessaire de n'en choisir qu'une et de n'en pas dévier. Les autres personnes présentes doivent arriver à deviner ce mot en adressant à celui qui l'a *pensé* des questions auxquelles il ne doit avoir à répondre que par *Oui* ou *Non*. C'est en quelque sorte une gymnastique de l'esprit et de la mémoire qui vous fait éliminer les choses ou les êtres, suivant les catégories où les éléments dans lesquels vous parvenez à savoir qu'ils appartiennent pour ne plus rechercher que les qualités ou propriétés que la chose cherchée peut avoir et parvenir ainsi à la deviner.

Quel que soit le nombre d'assistants, on ne peut donner que trois fois le mot qu'on croit être en question et si aucun de ces trois *mots* n'est le bon, gain de cause reste *au penseur*, à la condition toutefois, quand il divulgue *son mot*, qu'on ne trouve pas qu'il a égaré les chercheurs par des réponses contraires ou douteuses. Ce jeu, bien pratiqué est des plus attrayants.

Or, un soir, nous nous livrions à cet exercice mental, et une jeune femme que nous savions être un esprit un peu superficiel *pensa un mot*. Il nous en a donné du mal, celui-là ; du reste, nous ne l'avons pas trouvé. Nos questions, pourtant bien conduites, nous avaient amenés à savoir ceci en résumé : C'était un être humain, plante et liquide qui se trouvait sur les navires, à grimper dans les mâts et aussi dans les forêts, par terre et sur les branches et encore dans l'eau, sur les vagues, et jusque sur la table quelquefois dans les verres. Avec de pareilles données, il nous était difficile de trouver ; nous y renonçâmes et la jeune *penseuse* nous donna alors la solution. Le mot qu'elle avait pensé, c'était : *Mousse !*

Si j'ai cité ce petit incident, c'est pour faire mieux admettre la nécessité de bien spécifier le sens qu'on attribue aux mots qu'on emploie, et aussi pour me faire excuser de l'insistance dont je pourrai parfois faire preuve, dans mon ardent désir d'éviter les équivoques.

Electricité, Magnétisme, Hypnotisme, autant de mots qui semblent désigner des sciences dont la découverte ne remonte pas très-haut dans l'histoire des temps, et qui éveillent sur les esprits indifférents des idées très nouvelles de choses non encore bien connues. On paraît ignorer qu'il s'agit, par ces mots, de l'étude de la nature entière et, de la nature humaine en particulier, dans ce qu'elle a de plus essentiellement intime ; et que, par conséquent, c'est celle qui a dû le plus tenter à toutes les époques, l'intelligence des hommes qu'elle n'a pas peu contribué à développer. En effet, si les cerveaux aujourd'hui sont accessibles à des conceptions relativement très étendues c'est parce que, dans la suite des âges, l'esprit symbolique a fait le fond de cette culture que l'esprit d'analyse est venu compléter.

Les prêtres des anciens peuples représentaient volontiers par des images tout cet ensemble mystérieux de l'Univers, tout en expliquant à leur affiliés seulement le sens secret de leur doctrines. Les Dieux, les bons et les mauvais génies, l'influence des astres, celle possible des phyltres ou des sorts jetés représentaient, en somme, d'une manière plus poétique et dans des manifestations plus ou moins mystérieuses, tous ces mêmes phénomènes indéniables que les savants officiels croient découvrir aujourd'hui. Par le fait, c'est un bien que, même avec une certaine mauvaise volonté, ces Messieurs de l'Institut et des Académies soient obligés, de temps à autre, par suite d'une révélation d'un de leurs collègues plus audacieux, de constater le bien fondé d'une de ces prétendues découvertes, car, peu à peu, ils finiront par faire accepter au public une certaine dose de vérités, dans le domaine spécial de la psychologie.

Beaucoup de choses, dans cet ordre, échapperont, il est vrai, à leur contrôle méthodique, et ce sera leur consolation, puisque tout le problème de l'Univers ne peut pas s'expliquer par la preuve scientifique ou expérimentale; il leur restera toujours quelque chose à nier.

A côté des savants officiels ou non, dont les livres, sur ces délicates matières, sont encombrés de termes insolites et conçus dans un esprit où la philosophie n'a aucune place, nous trouvons les ouvrages non moins amphigouriques des littérateurs de science occulte. Si l'esprit s'y délasse et y trouve parfois un certain régal, on peut dire que ceux-là se détachent autant du monde matériel que les autres en étaient plus près ; quelques-uns d'entre eux se font même comme une gloire d'être incompris des profanes.

L'homme qui ne veut ni ramper sur le sol, ni s'envoler dans les nuages, généralement, ne trouve son compte ni près des uns, ni près des autres. Tiraillé dans l'un et l'autre sens, son esprit, déjà passablement absorbé par les soucis quotidiens, prend prétexte de ces sollicitations si différentes, pour se réfugier dans un facile et reposant scepticisme.

Et cependant quel sujet plus digne d'étude que cette connaissance de l'homme et de sa nature ? Nous ne voulons pas parler de cette nature physique qui sous forme de corps n'est que l'accessoire grossier d'une subtile essence, laquelle existe réellement et si bien que la science n'a pu faire moins que d'en établir l'existence et d'en définir les propriétés, tout au moins en ce qu'elles ont de perceptible pour eux.

MM. les Editeurs qui m'avaient déjà confié de résumer, dans une brochure intitulée « Les Sciences occultes », les particularités principales de la Physiognomonie, de la Phrénologie, de la Chiromancie et de la Cartomancie, ont bien voulu me charger encore de cet essai sur le somnambulisme. En vain m'étais-je retranchée derrière mon incompétence, en matière purement scientifique, je dus céder devant l'argument qu'ils me donnèrent.

« Ce qu'il nous faut, ce qui manque
« précisément au public, c'est un livre qui
« ne soit traité ni au point de vue pure-
« ment technique des savants, ni à celui
« purement idéaliste et ésotérique des
« *hindoumanes*, un livre enfin qu'on
« puisse lire sans fatigue et qui soit un
« enseignement pratique de l'ensemble
« des sciences psychiques.

« La profession de Somnambule — que
« vous avez exercée si honorablement et,
« nous en avons eu maintes preuves, avec
« toute votre conscience — jointe à votre
« connaissance du cœur humain, vous
« mettra à même de composer cet ou-
« vrage de manière à toucher les intéres-
« sés. Vous avez pour parler du merveil-
« leux toute aptitude et toute autorité,

« puisque votre intuition personnelle vous
« tient lieu de toute Science..... »

Devant cette gracieuse et complimenteuse insistance, je ne pouvais que m'incliner et je me suis mise à l'œuvre.

Il fallait avant tout adopter un classement des différents sujets et, au lieu de suivre ces sciences dans l'ordre de leur histoire, c'est-à-dire en les prenant au début des temps anciens pour les amener au point où elles en sont aujourd'hui, il m'a paru plus juste et plus logique de suivre précisément l'ordre inverse ; c'est-à-dire de prendre comme point de départ les faits de nature psychique, établis par les expérimentations les plus récentes, pour remonter jusqu'aux Sciences secrètes, qui n'ont eu leur apogée que dans l'antiquité la plus ancienne.

Par conséquent, dans les chapitres qui vont suivre, nous traiterons successivement :

De l'*Hypnotisme* et des expériences curieuses auxquelles il a donné lieu, principalement en ce qui concerne les preuves d'un esprit lié au corps, mais qu'on peut rendre distinct de lui.

Du *Magnétisme*, ou de l'influence bienfaisante qu'on peut exercer sur le corps d'une personne endormie, par les passes magnétiques.

Du *Somnambulisme*, ou de la faculté de voir à distance pendant le sommeil produit dans de certaines conditions sur de certains sujets.

Du *Spiritisme*, suite naturelle de cette distinction de l'Esprit et du Corps et de la possibilité de communiquer avec les Esprits des trépassés.

De l'*Astrologie*, ou de l'influence des astres sur la nature de l'homme dont l'esprit est une parcelle de celui qui meut les mondes.

De la *Magie*, comprenant toutes les formes de la suggestion : l'envoûtement, les talismans, les miracles et les moyens secrets de réussite en usage dans l'antiquité et au moyen-âge.

Ce programme pourrait paraître à de nombreux lecteurs, entaché d'une cer-

taine tendance à entraîner leur conviction.
Qu'on se rassure ! Nous ne voulons pas
faire croire, nous voulons simplement
donner les raisons pour lesquelles on a
cru et ce qu'on pourrait encore en croire.

En ce qui concerne le *Charlatanisme*
proprement dit, nous ajoutons, pour terminer ce Livre, un appendice où nous traitons quelques cas des abus nombreux qui se font au nom de ces Sciences et qui ont été et sont encore la principale cause du discrédit où elles sont tombées.

Voilà donc la classification des différents sujets que j'entreprends de traiter, non par la méthode positiviste, — j'avoue humblement que mes notions des sciences physiques, telles quelles sont enseignées officiellement aujourd'hui, sont des plus bornées — non plus par les recherches trop abstraites des anciens textes relatant dans un style fictif toutes les fictions religieuses, mais seulement avec ma propre intuition qui me guidera pour trouver ici et là les raisons dont je pourrai m'aider.

Du reste, M. le Dr Lorentz, qui était, en même temps qu'un grand cœur, un esprit très élevé, a développé en moi dans ma jeunesse des doctrines qui concordaient si bien avec tout ce que je ressentais, que je n'ai jamais mis en doute, un seul instant, qu'elles ne fussent l'expression exacte de la vérité, et, quand j'ai vu que de nombreux docteurs venaient ajouter à ce que je savais l'appoint d'expériences probantes, je puis dire que ces preuves positives n'ont en rien pu augmenter ma croyance.

Les paroles me feront défaut souvent, quand je voudrai expliquer ces vastes idées ; alors, cher ancien maître, j'évoquerai votre Esprit, et, si vous daignez répondre à mon appel, votre inspiration latente et le souvenir de vous, me permettront de mener à sa fin une tâche que, seule, sans votre appui moral, je me fusse crue indigne d'entreprendre.

CHAPITRE II

II

L'Univers. — La Matière et l'Espace.
L'Ether. — La Trinité, Loi universelle.
Matière unique.
Force unique sous deux aspects :
Action et Réaction.
L'Aérosome ou Périsprit.

II

L'Univers, dans l'idée qu'on doit attacher à ce mot, est infini et indivisible.

On ne peut même pas dire l'Univers entier, car on donnerait l'idée d'un tout, alors que c'est réellement tout ; on ne peut même pas ajouter ce corollaire qu'en dehors de lui il ne reste rien, cela ferait croire qu'il peut exister un En-Dehors plein de vide.

Il faut donc comprendre et admettre que le mot *Univers* tout seul, sans qualificatif et sans commentaires signifie tout, le « Tout » en entier et sans restriction possible.

L'Univers est indivisible, en ce sens, que rien n'en peut être retranché. La chaleur anime la matière et la transforme indéfiniment. Les parcelles infinies (molécules) qui la composent sont incessamment déplacées, mais jamais anéanties. Les choses de toute nature, de l'existence desquelles les sens nous donnent la perception, qu'on appelle en chimie les *Corps*, composés de *molécules* formant un ensemble déterminé, peuvent être consumés, volatilisés ou s'évanouir à nos yeux, aucune de ces molécules envolées n'est détruite. L'imperfection de nos sens peut nous laisser croire à leur anéantissement et aussi leur infinitésimale petitesse, — on compte plus de trois millions d'*atômes* dans une tête d'épingle, — ces molécules existent et se meuvent et ne cesseront d'exister et de se mouvoir de toute éternité.

L'Univers est infini dans l'espace infini ; c'est-à-dire que, put-on imaginer un milliard de fois l'espace où les étoiles visibles se meuvent (1) cette immense

---

(1) *On pourra juger de la distance de Sirius, la plus belle étoile du ciel et vraisemblablement la moins éloignée de la terre, non compris les planètes qui ont le soleil comme centre de mouvement, en sachant que l'atôme lumineux qui frappe nos yeux aujourd'hui en est parti, il y a plus de trois ans, et qu'il a parcouru soixante-dix mille lieues par seconde, Herschell affirme qu'il y a des étoiles dont la lumière ne nous parvient qu'après deux mille ans.*

tranche d'espace ne pourrait compter dans l'infini que comme un simple point.

En outre, notre nature imparfaite et qui nous rend impropre à examiner l'essence de certaines choses, parce qu'elles ne tombent pas directement sous nos sens, a fait que l'éther échappe aux analyses positives. Mais il faut cependant croire qu'il est partout, pénétrant tout et qu'il est comme une onde éternelle sans fin et sans commencement dans laquelle baignent tous les mondes connus et inconnus. Planètes, rochers, masses métalliques, plantes, animaux, l'Ether s'infiltre dans toute chose, la soutient et l'anime. Il imprime aux astres leurs mouvements et les fait s'équilibrer entre eux. Et, de même qu'il pénètre tout, il s'imprègne aussi, dans ce roulement des mondes, de la nature de chacun d'eux et transporte des uns aux autres la chaleur, la lumière et les influences secrètes.

Considéré dans nos pauvres milieux, cet éther nous traverse au point que, de même que dans la nature entière, il n'est pas, dans tout notre être, une seule molécule qui n'en soit inondée ; il est aussi le véhicule de nos sensations et de nos pensées. Il n'est pas un coin du Monde où il ne pénètre et le vide que l'homme pense produire, au moyen de machines pneumatiques ou d'autres instruments spéciaux, n'est simplement qu'un vide conventionnel, figuré par l'esprit terre à terre des hommes.

L'Univers est donc indivisible et infini.

Tel qu'il est, il est *tout* et il est *un*, mais à notre intelligence, il se manifeste sous trois formes générales : Esprit, Force, Matière.

C'est cette trinité qui se répète et s'applique à toutes choses indéfiniment dans le Monde, formule synthétique et absolue à laquelle aboutissent toutes les Sciences et qui, oubliée quand à sa valeur scientifique, nous a été intégralement transmise par toutes les Religions qui se faisaient ainsi les dépositaires inconscients de la Science-Sagesse des Civilisations premières.

Ainsi, à la base de la Religion chrétienne, nous trouvons ce symbole d'Un seul

Dieu en trois personnes. Dieu, le Père qui a envoyé sur terre le St-Esprit pour y créer le Fils — Dieu fait homme. C'est l'image de ce même *Univers*, composé de trois éléments. L'Esprit infini et éternel, qui par d'incessantes vibrations engendre la force, laquelle dans un juste équilibre anime et entretient le monde matériel tout entier. Car la nature de la *Matière* étant l'inertie, il lui faut cet *Esprit* dans lequel elle est plongée pour engendrer la *Force*, sous toutes ses formes et dans tous ses mouvements.

Et de même l'homme, envisagé dans sa nature physiologique, est composé de trois parties ; le Cerveau, le Cœur et le Ventre, qui se correspondent, s'animent et se nourrissent les uns les autres.

Le cerveau, centre du système nerveux, *Esprit* de volonté et d'équilibre ; le cœur, centre de l'appareil de la circulation du sang qui est la *Force* dont les vibrations sont aussi bien la raison d'être que la résultante des deux autres éléments ; puis, l'appareil digestif, agent qui reçoit la *Matière*, la trie et, après avoir éliminé les scories produites par cette combustion, reverse sa réserve aux deux autres moteurs. Si bien que les trois ensemble forment un tout indivisible, car aucun de ces trois éléments ne saurait se passer des deux autres et ne saurait être disjoint ou voir sa fonction entamée sans entraîner la désagrégation des atômes qui composent le tout.

Il en serait de même de chacune de ces fonctions prises séparément ; chacune a son explication par la trinité ; et, dans l'ordre de l'électricité, du magnétisme ou des sciences physiques, partout, cette même disposition se trouve immuable et dominant même toute loi positive.

Les couleurs, par exemple, sont *une* en *trois*. Les trois couleurs sont : le Bleu, le Rouge et le Jaune. Il ne convient pas, en effet, de compter comme couleurs primordiales les quatre autres que comporte encore le prisme ou l'arc-en-ciel, lesquelles ne sont que des composées chacune de deux des trois premières et n'apparaissent ainsi distinctes que par une confusion optique.

Le Bleu c'est l'Ether, pensée première pénétrant tout, *l'Esprit*. *Le Jaune* c'est le feu, la chaleur, *la Force*; pour le système planétaire auquel nous appartenons, c'est le Soleil qui vivifie tout. *Le Rouge*, c'est cette existence produite, c'est la *matière* spiritualisée et échauffée par les deux autres, c'est la vie, c'est le sang. Le mélange de ces trois aspects, de ces trois clartés toujours vibrantes dans l'Infini des tourbillons elliptiques, n'en forme plus qu'un seul, la lumière blanche, unique et complète, ainsi qu'il est prouvé par l'expérience des couleurs du prisme fixées sur un cercle tournant.

On pourrait multiplier à l'infini ces exemples de l'universelle Trinité.

L'Ether, ainsi que nous l'avons dit — et nous comprenons ici par ce mot l'Esprit qui remplit les espaces et noie toute matière qu'il pénètre — l'Ether ne traverse pas ainsi les corps sans agir sur eux, indépendamment de l'action latente de cohésion spirituelle et par conséquent de vie, sans agir par d'autres forces, soit qu'elles soient ambiantes accidentellement ou qu'elles soient communiquées.

La matière est la partie constituante des corps ; on la suppose composée de particules infiniment petites qu'on appelle les atômes, dont les divers groupements forment les molécules des différents corps qu'on appelle simples. Ces molécules ne sont pas intimement unies et, même dans les corps les plus denses, il existe entre elles des distances qui, eu égard à leur incroyable petitesse, sont comparables à celles qui séparent les astres entre eux. En outre, il existe dans tout l'Univers, dans les espaces interplanétaires comme dans les espaces intermoléculaires, cette substance qu'on appelle l'éther, dont nous avons déjà parlé. On le croit généralement composé d'atômes libres, c'est-à-dire non réunis en molécules. Nous ne pouvons percevoir la matière que par les impresions qu'elle nous cause et ces impressions n'existent que comme conséquence des mouvements dont les molécules sont sans cesse agitées. Un corps nous paraît froid parce que les molécules vibrent moins rapidement que celles de notre propre corps ; un autre corps nous paraît chaud parce que ses molécules vibrent plus rapidement.

La cause de ces vibrations, de ces mouvements, est ce qu'on appelle la Force.

Mais qu'est-ce que la Force, sinon le produit de l'influence éternelle de l'Esprit? C'est donc une erreur de dire que la matière est cause du mouvement ; la matière subit le mouvement, elle le manifeste, mais elle ne le produit pas, sinon par réaction et en vertu de sa force d'inertie, qui la fait résister à l'action.

Nous avons vu que la matière est un composé d'atômes et que les corps ne se distinguent entre eux que par le nombre d'atômes qui entre dans leurs molécules ; c'est dire que tous les atômes sont semblables entre eux ou, ce qui revient au même, que la matière est une dans son essence.

Il en est de même de la force. Toutes les forces que nous connaissons, lumière, chaleur, électricité, magnétisme, son, etc., comme celles que nous ne connaissons pas, ne diffèrent entre elles que par l'amplitude et la rapidité des vibrations dont elles agitent la matière, sous la double influence des circonstances en lesquelles elles ont pris naissance et des conditions du milieu où elles se propagent par la dispersion et la distribution à laquelle préside l'Esprit.

Il y a donc un mouvement spécial qui, suivant son intensité, nous donne la sensation de lumière ou d'ombre, un autre qui produit la chaleur ou le froid, un autre l'électricité, un autre le son, etc.

Un simple caillou (1) jeté dans une eau tranquille produira à l'endroit où il est tombé des cercles qui iront toujours en s'élargissant du point de la chute comme centre et, s'il se trouve sur le parcours des ronds un bouchon, une brindille d'ar-

---

(1) Nous avons emprunté l'idée de cette théorie par l'exemple à M. Decrespe, un savant doublé d'un vulgarisateur, qui applique son talent à mettre à la portée de tous, les grands problèmes des sciences psychologiques.

bre, un simple fétu de paille, ce bouchon, cette brindille ou ce fétu de paille sera agité sur place par la succession des *ondes*, mais ne sera pas entraîné. C'est là l'image très nette de ce qui se passe dans les corps solides : la force quelconque qui agit avec eux fait vibrer leurs molécules *sur place*. Dans les corps liquides, où les molécules ne sont plus invariablement retenues les unes à côté des autres, elles roulent les unes sur les autres, à peu près comme pourraient faire des billes disposées en tas. Dans les gaz et les vapeurs, les molécules sont encore beaucoup plus libres, parce que moins nombreuses sous l'unité de volume ; et, quand une force agit sur elles, elles sont entraînées, mais pas bien loin, parce qu'il y a là d'autres molécules encore en grand nombre contre lesquelles elles se cognent et rebondissent plusieurs millions de fois par seconde.

Enfin, dans l'état radiant, qui est, sans doute, très voisin de ce que doit être l'Éther dans l'espace, comme il n'y a plus que des obstacles insignifiants, les molécules sont entraînées par la force à laquelle elles sont soumises, à peu près comme les feuilles sèches par le vent d'automne ou comme les balles que crache une mitrailleuse.

Quand la force vient agir sur la matière, celle-ci semble déployer une réaction qui, à son tour, vient agir à l'encontre de cette force ; une balle élastique ou autre, lancée contre un mur tend à revenir à son point de départ non pas que le mur, qui est inerte, la renvoie, mais simplement parce que la force qui a lancé cette balle n'a pas pu atteindre tout son développement que cette réaction vient de compléter. Cette force qui est unique dans sa nature se montre ainsi en physique sous deux aspects. Tantôt elle est *active*, c'est-à-dire que ses effets sont directs et tantôt *passive* quand elle se développe dans des effets de retour.

Il est bon de noter ces deux manières d'être de la force qui se représenteront dans beaucoup des cas particuliers qui vont nous occuper.

Ainsi, dans le grand mouvement de la

Nature rien n'est perdu, comme aussi rien ne se crée et tout se transforme indéfiniment. Le corps humain est soumis aux mêmes lois que la matière, étant formé d'elle et, si par la voie de l'Ether, une vibration vient le pénétrer en apportant à ce corps des parcelles de matière empruntées au milieu qu'elle aura traversés, quand elle aura communiqué à ce corps, l'énergie dont elle dispose, elle s'échappera en arrachant à ce même corps une somme de molécules nouvelles.

C'est ainsi que les corps sont soumis à ces deux grands courants d'assimilation et de désassimilation qui sont leurs fonctions et leur raison d'être dans l'Univers. Nous voilà loin du magnétisme et de l'hypnotisme, et cependant, il nous fallait cette explication avant de les aborder l'un et l'autre. Ainsi donc, de même que la matière est *une* sous des formes variées, de même la force est la même dans son essence, qu'elle soit lumière, chaleur, électricité ou magnétisme.

Il est établi que, dans le corps humain, les courants dont nous venons parler sont actifs du côté droit du corps et réactifs du côté gauche.

Ce n'est là cependant qu'une règle générale, et il s'y trouve de nombreuses exceptions sans compter les cas fréquents où d'un instant à l'autre, par un effet de volonté inconsciente ou venue du dehors, le sens de ce mouvement se trouve momentanément interverti.

Donc, les corps vibrent sous l'action d'une force qui, d'un côté, fait pénétrer en eux des éléments du dehors en les dirigeant par des voies déterminées pour, de l'autre côté, chasser des éléments enlevés à ces mêmes corps, et, comme toutes choses, comme les astres, ces corps obéissent à des mouvements définis dont l'Ether est l'esprit de direction. Cette propriété des corps s'appelle *polarité*.

Dans ce même ordre d'idées, il a été fait par M. de Rochas d'une part, et M. de Reichenbach de l'autre, des expériences très intéressantes. Il existe de certaines personnes dont le sens de la vue se trouve développé d'une façon extraordinaire. Conduites dans une chambre parfaitement obscure, elles distinguaient au bout d'un certain temps sous les objets environnants par les lueurs qui sortaient de chacun d'eux et leur faisait comme une enveloppe de vague lumière plus ou moins nette et plus ou moins colorée; ainsi elles voyaient en *bleu* le côté droit du corps humain, le pôle positif d'un aimant, une fleur, une planète, etc., et en rouge le côté gauche du corps, le pôle négatif, la racine, etc.

L'Esprit qui pénètre et habite le corps dans lequel il ordonne et coordonne le mouvement dépasse donc sensiblement au moins de quelques centimètres l'enveloppe matérielle de ce corps ; il forme ainsi comme une auréole à laquelle on a donné différents noms tels que : périsprit, aura, corps astral, aérosôme, etc.

Disons-le encore, tout ensemble de matière baigné dans l'Eternel Esprit qui le meut de sa pénétration garde autour de lui comme une *zone* neutre, tenant de l'Esprit et de la matière et aucune étoile ou planète n'échappe à cette particularité. La terre, elle aussi, est enveloppée d'une atmosphère perpétuellement saturée des émanations du sol et des eaux, de même que le corps humain extériorise dans un certain rayon les forces moléculaires qu'il a en lui.

Il en résulte que chaque corps humain possède en lui et débordant un peu autour son véritable esprit qui l'enserre et l'anime et constitue réellement sa personnalité.

En effet, la face et en même temps l'ensemble corporel ne sont que des aspects physiques, qui dépendent de cet autre *corps astral* dont nous avons voulu bien établir l'existence, donnant a tout moment, dans la veille comme dans le sommeil, la preuve qu'il existe. Le corps astral n'est pas une chose nouvelle et, sans le connaître, par des expériences positives, les hommes ou femmes particulièrement doués de toutes les époques en ont perçu la forme réelle.

On attribuait autrefois un plus grand rayonnement à l'aérosôme de l'homme dont l'existence pure et dont la science lui méritaient le titre de Saint ; de là les *auréoles* autour de la tête des Saints personnages dans les peintures religieuses primitives, et l'habitude au moyen âge de représenter les âmes par un contour vague, indiquant naïvement la forme humaine nue.

C'est des propriétés de cet Esprit, dont nous aurons à nous occuper, dans les chapitres suivants.

CHAPITRE III

III

Mesmer et le Magnétisme animal. —
L'Hypnose.
Les Expériences Hypnotiques de Charcot.
La Suggestion.
Le Docteur Luys et l'Action des
Médicaments a distance.
Théorie du Sommeil Hypnotique.

III

Le mot *magnétisme* avait été réservé jusqu'alors pour définir la propriété que possède l'aimant d'attirer le fer et de se diriger vers le pôle. Il fut employé pour la première fois, il y a un siècle, par le savant allemand Mesmer, pour désigner la force de même nature qui communique une influence particulière aux hommes, aux animaux et aux végétaux. Cette influence depuis longtemps déjà connue et expérimentée par les mages et autres prêtres anciens, n'avait pas encore reçu de consécration scientifique ; toujours pour cette raison ridicule que la science soi-disant *infaillible* doit nier ce qu'elle ne peut expliquer.

Le Mesmerisme, nom de cette science nouvelle, et qui, comme toute chose nouvelle, n'était pour les autres savants qu'une théorie sans portée positive fut vite mis à l'index.

C'est plus récemment que des médecins, constatant sur des personnes atteintes de maladies nerveuses, d'indéniables phénomènes, firent à la psychologie cette concession grande de reconnaitre et publier leur théorie de ces expériences, sous le nom d'*Hypnotisme*.

Braid, médecin anglais, entreprit le premier de remplacer, pour provoquer le sommeil, la fixité du regard humain par un petit objet brillant ; tenu à peu de distance des yeux du sujet, son éclat prolongé amenait une fatigue qui provoquait *l'Hypnose*, mot grec qui signifie tout simplement sommeil. C'était certainement une découverte, mais, ce point acquis, et les quelques expériences qui en étaient les conséquences une fois constatées et répétées sous différentes formes, on n'entreprit pas d'aller plus loin dans les commentaires que ces pratiques entraînaient, car il eut fallu rentrer d'emblée dans le domaine de la métaphysique et reconnaître sa liaison immédiate avec les choses positives, c'est-à-dire connues et reconnues officiellement comme telles.

Ainsi, l'hypnotisme reste une particularité scientifique, un champ limité par les expérimentateurs eux-mêmes qui agissent, persuadés que leurs pratiques n'ont d'autre objet que de spécifier les phénomènes curieux qu'ils obtiennent sur l'organisme des névrosés endormis.

Magiciens sans le savoir, après avoir ainsi escamoté la volonté des sujets et *chassé leur esprit*, ils y substituent leur pensée et peuvent, s'ils le veulent, imposer leur volonté jusqu'après le réveil.

Le sommeil, pendant lequel l'esprit peut à l'aventure laisser errer, — en même temps très loin et très près, — ses communications éparses, donne au corps la force de rétablir l'équilibre des centres fatigués et de se refaire la vie ; telle est la fonction du sommeil normal.

Il n'en est pas de même de l'hypnose ; en effet, la seule faculté que l'expérimentateur permette au sujet, pendant cette forme de sommeil, c'est celle d'entendre les ordres qui lui sont donnés ; seulement, comme les sens sont eux aussi endormis, celui de l'ouïe ne laissera percevoir par les forces du sujet que la seule voix à laquelle il doit obéir ; de même, il sera possible de ne lui faire voir qu'une personne ou un objet à volonté. C'est donc un sommeil contraint, où l'esprit asservi pourra mettre en fonction les sens endormis et cela partiellement et dans la mesure où l'hypnotiseur l'aura voulu.

Et par conséquent, il lui sera facile aussi de faire voir, entendre ou sentir par son sujet tout ce que lui-même pourra imaginer, aussi bien qu'il pourra provoquer chez lui le sommeil par le moyen qu'il lui conviendra de choisir.

Le Dʳ Charcot est, sans conteste, le plus célèbre de ces savants qui ont reconnu et consacré l'hypnotisme ; ses expériences ont obtenu une renommée d'autant plus grande que, par la haute situation officielle de leur auteur et sa grande autorité sur le corps médical, elles ne pouvaient être contestées. Ce célèbre spécialiste pouvait obtenir le sommeil immédiat des femmes hystériques qu'il soignait, en les surprenant par un violent coups de gong frappé derrière elle.

Un autre expérimentateur célèbre, le Dr Luys, leur fait simplement fixer pendant quelques instants un miroir à facettes et tournant, dans le genre de l'appareil dont on se sert pour attirer les alouettes.

L'abbé Faria crie tout d'un coup dans l'oreille de son sujet « Dormez » et il dort.

Mais tous opèrent, en général, sur des sujets prédisposés par une affection nerveuse à une sensibilité anormale.

Le Docteur Charcot a persuadé une de ses hystériques endormies, en lui désignant un infirmier, que cet homme était un scélérat ; il lui attribuait un crime imaginaire qu'il rendait si réel à la pensée soumise de l'hypnotisée que celle-ci racontait la scène de ce crime avec tous ses détails. Finalement l'hypnotiseur disait :

— Cet homme mérite la mort.

— Certainement !

— Vous n'allez pas laisser son crime impuni, vous allez venger les victimes.

— Je vengerai les victimes !

— Voici un poignard, prenez-le ; je vais vous réveiller ; vous marcherez droit sur cet homme et vous le tuerez.

— Je le tuerai.

Le sujet était réveillé subitement en lui soufflant violemment sur le front et, son poignard à la main, marchait droit sur le faux criminel, qui précisément à ce moment tournait le dos, et elle lui plongeait le poignard entre les deux épaules.

Fort heureusement la lame rentra dans le manche ; c'était un poignard à ressort, de ceux dont on se sert au théâtre et l'aventure n'eut pas d'issue tragique.

Il a été bien et dûment établi qu'il n'y avait eu là aucune supercherie possible de dé la part du sujet endormi, qui a cru parfaitement, comme tout le monde l'eut fait, qu'il avait en main une arme véritable ; en outre, cette femme était d'un caractère très doux et très timide, ce qui démontre jusqu'à quel point peut être porté la suggestion. D'autres expériences nombreuses, non moins curieuses, ont été faites de suggestions agissant encore longtemps après le réveil.

Mais ça n'est pas seulement des effets de pensée, qui ont été ainsi obtenus. Un hypnotiseur peut, à sa volonté, influencer le goût du sujet. Il lui présente un verre d'eau claire et il a communiqué tout bas aux assistants l'idée qu'il veut lui imposer que ce verre contient du vin.

« Buvez, lui dit-il ».

Elle regarde et sent: « c'est du vin rouge, dit-elle », elle boit une gorgée, « il est très bon ».

Un témoin demande à l'expérimentateur de faire croire au sujet que ce qu'il a bu était non du vin, mais de l'huile de ricin.

Cette réflexion est d'ailleurs faite à voix très basse et il est de toute impossibilité qu'elle ait été entendue ; l'eut-elle été, que le résultat de l'expérience n'en resterait pas moins un phénomène des plus étonnants.

« Que venez vous de boire ? »

« Ah, pouah ! que c'est mauvais ! » elle crache et porte la main à son estomac.

« C'est de l'huile de ricin » et on voit que l'effet de la drogue indiquée, doit se produire — à en juger par les contractions de la physionomie et les symptômes apparents de malaise — et, chose plus extraordinaire, *il se produit réellement* ainsi qu'il a été médicalement constaté ensuite.

Il en a été de même quand on a porté la suggestion des sujets sur d'autres médicaments, tels que la poudre d'émétique ou la liqueur d'ipécacuana qui se trouvaient produire leurs effets vomitifs, n'étant administrés que par la suggestion et sous forme d'une gorgée d'eau claire.

On pourrait citer indéfiniment des expériences du même genre qui prouvent incontestablement combien est intime le lien qui joint le corps à ses sensations habituelles et qui rappellent un peu ce fait couramment connu de l'homme qui, après avoir été amputé d'une jambe, souffre encore, par les temps d'orage, des cors qu'il avait au pied qu'on lui avait enlevé.

Dans un ordre d'idées un peu différent, nous citerons encore les recherches étonnantes qui ont été faites par plusieurs médecins, en ce qui concerne *l'action à distance* des substances médicamenteuses. MM. les Drs Bourru et Burot, conduits par des expériences antérieures et une heureuse curiosité scientifique, étaient arrivés à reconnaitre que de certaines substances médicamenteuses ou toxiques, placées en arrière du sujet hypnotisé, à une distance de huit à dix centimètres, étaient susceptibles de déterminer chez ce sujet des réactions spéciales en accord avec leur propriété spécifique intrinsèque.

C'est ainsi que l'opium était apte à déterminer le sommeil ; les spiritueux, l'ivresse, avec ses phases et ses formes variées, suivant qu'on employait telle ou telle substance alcoolique ; l'eau de laurier-cerise, un état d'extase religieuse ; l'ipéca, les vomissements et que la valériane enfin provoquait des impulsions à gratter la terre.

Le Dr Luys renouvela ces mêmes expériences et, toujours guidé par de vigoureuses déductions, il élargit encore le champ des résultats si imprévus et en même temps si déconcertants pour le corps médical dont ils bouleversaient toutes les idées reçues.

En effet, comment près de cent tubes de verre, bouchés à la cire et contenant chacun quelques grammes d'une matière chimique différente, pouvaient-ils produire chacun, étant placé près de la tête du sujet, et à son insu, des résultats spécialisés et analogues à ceux que produisent ces mêmes substances quand elles sont administrées directement ?

M. le Dr Luys a le courage de l'expliquer en exposant une savante théorie de progression du sommeil hypnotique. — L'état léthargique, dit-il, l'état cataleptique et l'état de somnambulisme lucide que certains auteurs considèrent encore comme des états autonomes indépendants les uns des autres, constituent, au contraire, les anneaux d'une même chaîne et les phases successives d'un seul et même état d'hypnotisme en évolution.

L'état hypnotique commence à la phase léthargique, s'élève à la phase cataleptique, puis à celle du somnambulisme lucide pour retomber, par une courbe descendante, à sont point de départ, à la période de léthargie de retour.

C'est donc un cycle complet que les phénomènes hypnotiques parcourent.

Prenez un sujet, en effet, fondamentalement hypnotisable, plongez-le en période de léthargie par un procédé quelconque, vous développez immédiatement un trouble profond dans son innervation centrale, et, du même coup, vous interrompez les connexions de la vie consciente avec la vie inconsciente. Vous dédoublez ainsi son unité psychologique, car alors ce sont les réactions purement inconscientes de la vie automatique qui vont seules se mettre en activité, et l'individu ainsi privé d'une portion de sa force cérébrale devient comparable à ces animaux décapités chez lesquels l'état d'excitation réflexe de la moelle acquiert une énergie d'autant plus intense qu'il n'est plus contrebalancé par les actions modératrices venues du cerveau.

Il est des circonstances, jusqu'ici peu étudiées encore, en vertu desquelles le sujet hypnotisé peut encore s'abaisser dans les manifestations dépressives de son système nerveux. Il s'agit d'états que l'on pourrait appeler *ultra-léthargiques*, dans lesquels on voit des sujets, profondément frappés, tomber dans un véritable *coma*, sans aucune réaction musculaire. Ils sont complètement anéantis, les actions de la moelle sont nulles, le sujet ne vit que par ses régions bulbaires qui sont encore en vie. Ces états qui sont rares, ne sont pas sans devenir inquiétants s'ils se prolongent; le réveil est toujours long à susciter.

Vient-on maintenant à soulever légèrement les paupières du sujet, à faire entrer, dans son cerveau plongé dans l'obscurité, par l'intermédiaire de sa rétine et du nerf optique, quelques vibrations lumineuses, immédiatement la scène change. L'individu illuminé s'anime, il reste les yeux ouverts et son regard exprime ce qui se passe en lui. Les vibrations lumineuses ont mis en branle certaines régions obscures de son encéphale, et cela a suffi pour le faire monter d'un échelon sur la pente du réveil : il est en catalepsie.

A ce moment, la scission entre les régions conscientes de sa personnalité existe encore mais le cerveau, par une action réflexe, peut percevoir des émotions comme celle de l'action à distance des médicaments et les traduire par des mouvements de la face et du corps.

On peut donc dire d'une façon indubitable que cette phase nouvelle, subie par le sujet hypnotisé, est une phase de perfectionnement par rapport à la phase précédente, et que la seconde dérive très nettement de la première, à laquelle elle est strictement enchaînée. Mais ce n'est pas tout. Cet automate qui, dans la période de catalepsie précédente, ne semblait vivre que par le regard qui exprime soit le vide, soit l'exaltation de ses émotions, cet automate, dis-je, ne parle pas, car on ne peut appeler paroles les sons articulés qu'il répète comme un écho et que l'on prononce à son oreille.

En poursuivant l'expérience, sous l'influence d'un attouchement léger sur la peau du crâne, on voit encore un changement subit qui s'opère en lui. Il passe alors dans la phase du somnambulisme lucide. On lui rend ainsi la faculté d'entendre ; on réveille d'autres régions de son cerveau ; il entend, et, — chose bien étrange qui déjoue tout ce que nous croyons savoir sur l'évolution de la parole, — il entend et parle d'une façon appropriée, il donne signe de réaction consciente, il dit : Moi, et cette réaction, qu'on prend pour consciente, n'est que fictive et apparente, car au réveil il n'en gardera aucun souvenir ; il sera, par conséquent, complètement inconscient de tout ce qu'il aura dit et fait pendant cette phase du somnambulisme lucide qu'il parcourt en ce moment. C'est la dernière étape qui le sépare du réveil complet. C'est-à-dire de son raccordement avec la portion consciente de lui-même, dont il a été ainsi expérimentalement dissocié, et avec laquelle il va se compléter.

On voit donc, par cet exposé, combien l'état de somnambulisme lucide est enchaîné à l'état cataleptique qui le précède et combien celui-ci, à son tour, dérive de l'état léthargique. Ces états se commandent, dans l'ordre physiologique, comme des phases enchaînées d'un processus naturel et constituent une filiation régulière.

Nous avons ici considéré longuement l'hypnotisme en ce qu'il fournit, par l'autorité des savants qui en ont écrit, un point de départ théorique absolument certain pour aller de là vers le magnétisme et le somnambulisme dont nous allons avoir à nous occuper.

CHAPITRE IV

IV

Différence de l'Hypnotisme et du
Magnétisme.
Les Magnétiseurs, leur Hygiène.
La Persévérance dans le Traitement.
Une Cure.
Les Passes et les Impositions.

IV

Comme on l'a vu, les hypnotistes ne s'occupent que d'expérimenter, tandis que, de tous temps, le rôle des magnétiseurs, ou plutôt le but qu'ils se sont imposé était de guérir. Si le terrain sur lequel opèrent les uns et les autres est le même, leurs procédés sont différents. Les hypnotiseurs agissent sur les organes matériels des sens et de là par réaction sur la force nerveuse ; les magnétiseurs, de leur côté, agissent directement sur la force qui anime l'organisme et ne cessent d'exercer leur influence dans le sens de la bonne harmonie des courants divers de cette force ; le contraire de ce que font les expérimentateurs qui agissent à l'encontre de cette harmonie, en provoquant l'arrêt des courants et en risquant ainsi de détraquer plus ou moins le système nerveux de leurs sujets.

Aussi, si les expériences que les hypnotiseurs produisent sont curieuses, ils n'en tirent aucune déduction, ni aucun bien, tandis que le magnétiseur, s'il le veut, peut guérir, et est soutenu dans sa foi par un autre idéal que celui des positivistes, lequel idéal consiste à répandre et à faire triompher la santé contre la maladie.

Tout homme, femme, enfant, vieillard, qui sera pénétré de cette idée, en quelque sorte évangélique, pourra, avec un peu de connaissance et d'expérience préalables, pratiquer le magnétisme ; car chacun, plus ou moins, possède cet esprit par la radiation duquel il peut agir sur celui de son semblable.

Tous cependant, quoique possédant le principe de l'action magnétique, ne sont pas susceptibles d'une force suffisante de radiation ou ne sauraient l'exercer à propos; aussi a-t-on imaginé, ne trouvant pas de magnétiseur autorisé à sa portée, de se procurer des barreaux aimantés ou des plaques dynamodermiques, etc..... Mais ces divers moyens donnant des résultats appréciables, dans certains cas seulement, ne peuvent être employés que judicieusement et sur le conseil d'un magnétiseur habile qui saura reconnaître quand ces moyens seront utilisables. En effet, il reste bien certain que l'organisme humain généralement pourra mieux absorber cette force d'aimant, ce pouvoir d'attirance provenant d'un être humain où il se trouve humanisé et en rapport direct avec lui que s'assimiler ce même pouvoir transmis par des agents de nature inerte ou inférieure.

Le magnétiseur doit donc posséder cette transmission facile de sa force ; mais il faut encore qu'il jouisse d'une certaine santé ou au moins que, constitutionnellement, il ne soit atteint d'aucune maladie ; car, dans le cas contraire, le remède serait pire que le mal.

N'oublions pas que le magnétiseur, par radiation, donne réellement quelque chose de lui ; il est donc nécessaire qu'il soit sain puisque c'est la santé qu'il veut communiquer. Il doit encore posséder des qualités fortes de patience, de fermeté et d'abnégation.

Dans le cours du traitement de certaines maladies nerveuses en particulier, il peut se produire des crises qui, parfois, alarment les témoins outre mesure. Le devoir du magnétiseur, dans un cas pareil, est de ne pas se laisser intimider et surtout de ne pas abandonner son malade, parce qu'il aura plu à quelque ami ou parent ignorant de faire des réflexions déplacées ; un abandon dans ces circonstances pourrait être des plus néfastes au patient, car presque toujours ces crises sont des symptômes indiquant que la nature tend à reprendre son équilibre.

Si souvent le magnétisme produit des cures dont la rapidité stupéfie, il arrive aussi que la santé soit lente à reprendre possession du corps qu'elle a quitté quelquefois depuis longtemps ; aussi, arrive-t-il que, dans la cure d'une maladie chronique, la marche vers le bien soit si lente qu'elle ne se traduise par aucun signe visible, puis, tout d'un coup, une crise se déclare, et, quelques jours après, le malade est rétabli.

En effet, avec le magnétisme, une fois la guérison obtenue, la santé est recouvrée définitivement, et il n'y a pas de ces longues convalescences qui nécessitent l'emploi de toutes les drogues débilitantes et ruineuses qu'on a fait pendant la maladie et qu'il faut encore longtemps prolonger après ; d'une manière générale, les médicaments ne peuvent guérir qu'au dépens des forces de l'organisme, tandis que le magnétisme guérit en donnant des forces nouvelles au malade.

Un magnétiseur (1) doit dormir peu, dans un lit un peu dur, et pas trop couvert ; il doit, de préférence, s'orienter la tête au nord, les pieds au sud, et dormir couché sur le côté droit, ce qui est la position la plus favorable pour être magnétisé par

---

(1) *Nous empruntons à M. Marius Decrespe, que nous avons déjà cité, cette hygiène si justement raisonnée du magnétiseur qui pourrait être aussi bien l'hygiène de tous.*

les courants qui circulent dans l'aimant terrestre ; on recouvre ainsi plus efficacement les forces qu'on a dépensées dans la journée et l'on dort plus tranquillement ; la chambre doit être plutôt fraîche, sans être froide, avoir été largement aérée dans la journée, ne contenir aucun objet à odeurs fortes ou à émanations malsaines, tels que fleurs, parfums de toilette, animaux, préparations anatomiques, cadavres, malades, etc. Le magnétiseur ne doit prendre, avant de s'endormir, aucun excitant ni stupéfiant : alcool, café, thé, opium, tabac, chloral, morphine, etc., lui sont formellement interdits d'une façon générale, mais surtout avant de se coucher, à la veille d'une magnétisation.

Pour sa nourriture, qui sera simplement suffisante, mais non abondante, il fera bien de s'en tenir au régime végétarien sans excès, mais surtout au printemps et à l'automne ; en hiver, sous le climat de la France, il devra absorber une plus ou moins grande quantité d'huile, de beurre, de graisse ou même de viandes grasses légères, telles que celles des oiseaux de basse-cour ; en été, il devra prendre un peu de café ou de thé, mais il évitera de trop boire, parce que la transpiration s'accompagne d'une extériorisation inutilement fatigante ; en toute saison, il lui sera profitable de manger du poisson, à cause de la présence dans ces animaux d'une petite quantité de phosphore qui favorise l'extériorisation ; les œufs, le lait, les fruits et les légumes verts devront former la base de son alimentation ; parmi les végétaux, il évitera ordinairement le chou, l'oignon, le poireau, l'échalotte, l'ail et tous les féculents, sans que cette interdiction soit cependant absolue ; mais il n'usera jamais de condiments, d'épices, ni de viandes fortes et d'une digestion difficile, telles que le bœuf et le porc.

Il évitera toutes les fatigues excessives, de quelque nature qu'elles soient : sport, danse, soupers copieux, préoccupations, travail intense et prolongé, émotions vives ou répétées, etc. Mais, jamais, il ne devra rester inactif, alternant le travail intellectuel avec le travail corporel. Enfin, il devra s'entretenir dans une position d'esprit calme et bienveillante; un violent ne sera jamais bon magnétiseur.

Si nous récapitulons toutes les conditions que doit remplir un magnétiseur, nous verrons que, seul, un saint, peut exactement remplir ce programme. Et, en effet, les plus grands saints ont été, de tous temps, dans toutes les religions, les plus grands magnétiseurs. La vie très pure, très douce, très exempte d'ambition qu'ils ont menée a développé chez eux les facultés d'extériorisation et de bienveillance nécessaires pour magnétiser, pour guérir ; cela est si vrai que l'Eglise catholique ne reconnaît les saints qu'aux miracles qu'ils produisent, parce qu'elle sait que le pouvoir de faire des miracles n'est attribué qu'à ceux qui le méritent par la sainteté de leur vie.

Si aux différentes qualités dont nous avons parlé et à cette hygiène spéciale, le magnétiseur ajoute une certaine connaissance de la médecine, surtout en ce qui concerne la branche à laquelle il s'adonne et qu'il ait avec cela quelque pratique des procédés magnétiques, il possédera tout ce qu'il faut pour produire, non des miracles, mais des guérisons consciencieuses et souvent radicales.

Guérira-t-il toutes les maladies ? Malheureusement non ; car il se trouvera toujours dans notre pauvre humanité, des affections incurables que rien au monde ne pourrait réduire. Il trouvera aussi, sur son chemin, nombre de malades indécis et capricieux dont les fantaisies cachées ou non, viendront détruire le travail déjà acquis. Comme il ne saurait résulter rien de bon d'une cure commencée, interrompue pour une autre, reprise, mal suivie, puis encore abandonnée, le mieux est, dans ce cas, de s'abstenir.

Si, au contraire, un malade s'adresse à un magnétiseur, ayant foi dans sa conscience et dans sa bonne volonté, il ne sera pas nécessaire même qu'il croie au magnétisme. Mais il doit s'astreindre cependant à suivre ponctuellement les prescriptions indiquées à l'exclusion de tous autres remèdes qui tous viendraient contrarier les effets du nouveau traitement ;

et, s'il attend avec persévérance, son attente ne sera pas vaine et la guérison viendra récompenser sa patience.

Citons, à ce sujet, un article publié en Mars 1895, dans *Le Pays Normand*, et reproduit par de nombreux journaux de Rouen et des environs :

Une Cure Merveilleuse

On demandait conseil à Pasteur un jour au sujet du médecin dont on devait faire choix, pour une maladie spéciale, et l'illustre chimiste, répondit :

« Prenez le médecin dans lequel vous aurez le plus de confiance ; c'est toujours celui-là qui doit vous guérir, si vous pouvez être guéri. »

Le grand savant n'indiquait-il pas ainsi, lui, pourtant si positif, que l'agent principal de la guérison était la confiance du malade dans son médecin et dans l'efficacité des remèdes qu'il ordonne.

Ce mot nous est revenu au souvenir quand on nous a signalé dernièrement un cas bien particulier de guérison. Il est hors de doute que certains individus possèdent la faculté de guérir par l'apposition des mains et par le magnétisme, et que des êtres possédant ce don surnaturel ont existé de tout temps.

Il est aussi dans des pays perdus des *rebouteux* plus habiles que les chirurgiens diplômés, et des bonnes femmes dont les vieux et traditionnels remèdes guérissent là où le traitement de grands médecins à échoué.

C'est d'une de ces personnalités exceptionnelles dont il s'agit, dans le fait qui nous est communiqué.

Depuis déjà deux ans Madame veuve F. de Rouen, agée d'environ 45 ans, avait dû subir l'inévitable influence d'une transformation complète de sa constitution ; mais, nature essentiellement délicate, elle était sortie de cette épreuve dans un état de surexcitation physique extraordinaire. Son système nerveux était tout entier comme une plaie mise à nue, lui faisant éprouver des souffrances si aiguës qu'elle se croyait chaque jour arrivée à ses derniers moments, et pourtant cette terrible agonie se prolongeait sans qu'elle eût même l'espoir d'en voir la fin.

Riche rentière, seule et indépendante, elle n'avait pourtant rien négligé ; toutes les célébrités médicales avaient été consultées ; tous les traitements essayés.

Rien n'y faisait et les crises continuaient toujours plus violentes et toujours suivies d'une prostration où le corps raide, l'haleine à peine sensible, les yeux retournés dans leur orbite, tout enfin offrait les symptômes alarmants d'une catalepsie qui se prolongeait pendant plusieurs heures.

Une parente de la pauvre malade eût alors l'idée de faire venir à Rouen Madame Dulora de la Haye, qui avait déjà, dans des circonstances semblables, moins graves pourtant, obtenu de guérir une personne de ses connaissances.

Cette dame demanda à être présentée à la patiente simplement comme une amie de sa parente ; elle lui fit ainsi d'abord plusieurs visites au cours desquelles elle ne lui parla de son terrible mal que d'une manière incidente ; puis, peu à peu, ayant conquis sa confiance, elle la persuada que son mal n'était si pénible que parce que son imagination toujours portée vers ce point en décuplait les souffrances. Elle la forçait au moment de ses crises à en détacher complètement son esprit en l'attirant, même d'une façon un peu brusque parfois, sur des sujets tout à fait étrangers à sa maladie.

Pourtant, comme ce terrible sujet fatalement revenait souvent dans la conversation, Madame F... lui dit un jour : « Oh ! je sais, je sens que vous pouvez me guérir, pourquoi ne le faites-vous pas ? Qu'attendez-vous ? » « Je ne suis pas médecin, répartit Madame Dulora, puis, vous n'auriez pas confiance en moi. »

— « Plus qu'en qui que ce soit au monde, reprit la malade, et je vous jure que je me remets entre vos mains et que je ferai tout ce que vous me direz de faire. »

Comment cette somnambule était-elle parvenue, après quelques visites, à imposer une telle confiance à la pauvre martyre, il serait long, sinon difficile de l'expliquer, et le magnétisme intuitif y est certes pour quelque chose.

On convint donc d'un traitement où des bains d'eau glacée, matin et soir, étaient immédiatement suivis de rudes frictions d'une certaine eau-de-vie de cidre appelée dans le pays « Calvados » et qui s'appliquait par tout le corps. En peu de jours, les nerfs détendus et moins surexcités laissèrent plus de repos à Madame F... qui a continué ce traitement bien simple il est vrai, mais dans lequel elle avait pleine confiance.

Elle est aujourd'hui, elle nous l'écrit elle-même, en nous fournissant tous les détails, complètement rétablie, et se déclare prête à témoigner en toute occasion de la guérison extraordinaire dont elle a été l'objet.

Bien que la chose ne se soit pas exactement passée ainsi qu'il est rapporté en ce qui concerne le traitement, le fait n'en est pas moins vrai, tant sous le rapport des circonstances que de la guérison obtenue. Cet article avait été communiqué au journal à mon insu, par un des parents de la malade guérie et reconnaissante, mais il faut bien dire que cette cure comportait un traitement magnétique spécial dont les détails ont échappé au correspondant bienveillant du *Pays Normand*.

D'ailleurs, il serait fastidieux pour le lecteur de lui exposer tout au long la théorie du magnétisme médical et tout un fort volume ne pourrait même suffire à la matière.

Nous avons déjà fourni quelques explications concernant la polarité du corps humain, sa force d'attraction et son système d'assimilation des forces ambiantes par la voie de l'éther et de cette partie pour ainsi dire individuelle d'éther qui se condense et rayonne autour du corps, l'aérosome. Il est facile par là de se rendre compte de la bonne influence qui peut être exercée, simplement au point de vue magnétique, par une personne qui réunisse, comme nous l'avons dit, les conditions physiques et morales nécessaires. Sans être compliqués dans leurs formes, ces exercices réclament une grande expérience jointe à une grande délicatesse.

Les mains passant et repassant tantôt dans un sens, tantôt dans l'autre, soit sur tout le corps, soit sur de certaines parties, constituent ce qu'on appelle les passes. Quand on a bien étudié la manière appropriée au cas particulier dont elles doivent être faites, on doit y procéder lentement et par progression et continuer jusqu'à ce qu'un soulagement soit sensible ; toutefois sans dépasser une demi-heure par séance.

Il en est de même de l'application de la paume de la main sur une partie malade, qui doit plutôt se prolonger encore moins, et qu'on appelle *imposition*.

Le souffle et le pouvoir des yeux sont aussi des agents dont on peut user et dont on obtient très souvent d'excellents résultats, mais il faut bien qu'on sache qu'on ne s'improvise pas magnétiseur. Toutes ces pratiques réclament des soins patients et minutieux et une profonde connaissance de la méthode, jointe à un instinct de bienveillante perspicacité. A côté de ces procédés qui sont ceux du magnétisme curatif proprement dit, il en est d'autres qui en dépendent, tels que les frictions et aussi le massage sous ses différentes formes. Mais, là encore, la méthode du traitement magnétique doit être observée avec soin car ces frictions et ces massages doivent toujours être faits dans le même sens et sans brutalité.

Nous ne nous étendrons pas plus sur ce sujet, car il nous faudrait alors sortir du programme restreint que nous nous sommes tracé. Ce que nous avons dit du magnétisme et de l'hypnotisme n'a eu pour but que d'en fournir un aperçu que nous croyons suffisant pour que le lecteur en puisse tirer les conséquences raisonnables. De plus en plus aujourd'hui, la médecine officielle apprécie la valeur de ces méthodes, au point qu'elle n'hésite pas, de temps en temps, à *découvrir* un nouveau procédé thérapeutique en accord avec elles. Si bien qu'elle finira peu à peu par se les approprier en grande partie, ce qui sera encore le meilleur moyen de conserver son inviolable monopole ; on finit toujours par vouloir diriger un mouvement qu'on ne peut enrayer.

CHAPITRE V

V

Les Rêves.
Les Somnambules par Auto-Suggestion.
Les Malades Suggestionnés.
Le Somnambulisme Lucide.
L'Extériorisation de l'Aérosome.
Les Objets servant de Guides.
Dans quelle mesure l'Avenir peut être prédit pendant le Sommeil.

V

Nous avons parlé de l'aérosome, cette forme éthérée — et visible dans de certaines conditions — de l'esprit, même attaché au corps ; à l'état normal, à l'état de veille par exemple, cet esprit ne peut abandonner un seul instant le corps auquel il est lié, mais, dans le sommeil, il s'extériorise, comme nous l'avons déjà démontré et peut s'étendre, au moins partiellement, à travers l'espace, de la nature duquel il est, pour se transporter avec une rapidité vertigineuse dans les régions les plus éloignées.

Pendant que le corps refait ses forces matérielles, l'aérosome ou périsprit peut donc projeter à volonté une partie de son sens de pénétration sur un but plus ou moins déterminé, sans souci des distances. Au réveil, le corps ignore généralement ce que faisait l'esprit pendant qu'il se reposait ; mais parfois il se souvient et dit alors qu'il a rêvé ; mais comme son sens du souvenir, en ce qui concerne son esprit, n'est qu'une action réflexe des quelques forces latentes laissées au corps par ce même esprit, son souvenir est toujours vague, et souvent mêlé de détails puérils et ridicules ; cela tient à ce que le corps avec le peu de force intellectuelle que lui a laissé l'aérosome dispersé ne peut comprendre cette dispersion et quand, revenu en possession de son esprit, l'homme, à son réveil, veut se souvenir du rêve, il ne peut suivre dans ses multiples voyages le pur et rapide esprit qui est revenu s'incarner en lui ; ses conceptions et ses souvenirs lui apparaissent d'autant plus brouillés qu'ils se présentent tous ensemble, comme le feraient un certain nombre d'images superposées et qu'on ne pourrait voir que toutes ensemble par transparence.

Par somnambule, on désigne souvent des

gens, qui parlent et se relèvent la nuit. L'explication d'un pareil état physiologique est simple. L'aérosôme s'extériorise pendant le sommeil, et le corps est resté livré à lui-même. Mais ce corps peut se trouver dans un état de sensibilité telle qu'il subisse une action réflexe de son esprit absent, et que, sous cette impulsion purement automatique, il agisse, parle, marche, etc.... Tantôt cette sensibilité est constante et inhérente à la nature de l'être, tantôt elle est accidentelle et provoquée par une circonstance ayant marqué une impression profonde qui s'est en quelque sorte communiquée à tout l'organisme.

Un ouvrier avait à exécuter un modèle très pressé ; il ne voyait pas la possibilité de le terminer pour le lendemain matin, à l'heure à laquelle il avait promis de le livrer. D'autres travaux également pressés ont pris tout son temps. De cette petite affaire cependant doit dépendre une grosse commande. Très tracassé et exténué, il se couche en se promettant de se relever de bonne heure, le lendemain.

Au jour, il s'éveille, il est tard déjà, et il ne s'explique pas qu'il ait pu tant dormir, et que cela tombe justement un jour où son temps eut été si précieux. Tant pis, l'affaire sera manquée !... Il rentre dans son atelier, et n'y comprend rien ; son travail se trouve fait et terminé ! Il l'examine, c'est bien cela ; comme il l'eut fait lui-même. Qui a pu exécuter, pendant la nuit, ce modèle qui était de son invention et le premier qu'on ait fait dans ce genre ? Sa femme survient et lui explique ce mystère ; c'est lui-même qui s'est relevé, elle ne savait pourquoi d'abord, puis elle l'a suivi et l'a trouvé au travail. Elle lui parle, il ne répond pas ; il n'entend rien et elle l'a laissé finir ce travail qu'elle aussi savait être si important pour eux. Mais, c'est lui, l'homme, qui est le plus étonné, car malgré tous les efforts de sa pensée, il ne peut se souvenir de rien. Il y a dans ce cas un phénomène curieux d'auto-suggestion, mais qui est plutôt rare et particulier seulement à de certains tempéraments.

Puisque nous parlons de l'auto-suggestion, c'est-à-dire de la faculté de s'impressionner soi-même au point d'agir physiquement sur le corps, soit dans le sommeil, soit dans l'état de veille et d'une manière latente, il est bon de signaler les nombreux cas de maladie engendrés chez de certaines personnes par la crainte même d'en être atteintes. Cette crainte finit par devenir tellement obsédante qu'elle prend dans l'esprit une place prépondérante et lui communique la certitude que cette maladie existe. Puis, peu à peu, à force de vouloir en découvrir les symptômes, l'esprit parvient, par sa seule force intensive, à les provoquer et, le germe de la maladie une fois déposé, il grandira vite dans ce bouillon de culture que lui forme l'imagination surexcitée du patient et l'entraînera à grand pas vers l'issue fatale, s'il ne se produit pas quelque heureuse réaction qui vienne l'arrêter dans cette voie.

Mais il y a plutôt, dans ces cas divers, une surexcitation de l'esprit et du corps s'impressionnant l'un par l'autre et liés ensemble très-intimement. Aussi, un somnambule comme l'ouvrier qui se relève tout endormi pour travailler ou comme le type plus courant de celui qui s'est fait une habitude inconsciente d'errer la nuit ne saurait être un sujet doué pour la clairvoyance, puisqu'il est précisément atteint de l'affection opposée ; le somnambulisme lucide en effet nécessite une facilité extrême d'extériorisation, de mobilité, et si, on me permet ce terme, *d'extensivité*.

Cette faculté est loin d'être fréquente et pourtant beaucoup de gens la possèdent, qui l'ignorent, n'ayant jamais eu ni l'occasion, ni l'idée de l'expérimenter. Toutefois, elle ne peut donner des résultats satisfaisants, malgré toute la sensibilité originelle, qu'après une longue et constante pratique.

Cependant, la longue expérience n'a jamais changé le caractère des révélations faites par le médium endormi ; c'est-à-dire que, quelque longue qu'ait été la pratique du médium, ces révélations sont toujours oubliées à l'instant même du réveil. Ainsi on aurait pu croire qu'une longue habitude rendait le sujet conscient des questions qu'on lui pose et des réponses qu'il y fait. Il n'en est rien (1).

Et cela s'explique bien simplement, puisque c'est l'esprit ou aérosôme qui seul est en cause pendant que le corps dort entièrement, à l'exception toutefois de l'ouïe et de la parole qui, pour une part infinitésimale de leur organe matériel, se tiennent à la disposition de cet esprit pour lui permettre de correspondre soit avec le magnétiseur soit avec le consultant.

Notons, en passant, que la présence d'un magnétiseur n'est pas toujours absolument réclamée par certains médiums que leur expérience jointe à une certaine disposition particulière, a entraînées à s'endormir d'elles-mêmes par des procédés appropriés à ce sommeil. La volonté de dormir, aidée de la tension soutenue du regard pendant

---

(1) *Personnellement, je l'ai toujours éprouvé ainsi. Quand j'ai appris quelque chose concernant les secrets d'une consultation endormie qui m'avait été demandée, cela a toujours été, à mon réveil, par la personne intéressée elle-même.*

quelques instants sur une bague ou un objet brillant quelconque, est suffisante auprès d'une somnambule déjà entraînée, pour décider l'hypnose dont le progrès s'arrête, comme d'instinct, à la phase du somnambulisme lucide. Toutefois, il serait plutôt inutile, ou, en cas de réussite, il serait dangereux, pour une personne inexpérimentée, de vouloir s'endormir elle-même ; et il est bon aussi, par la même occasion, de rappeler aux personnes qui voudraient s'improviser magnétiseurs, que celui-là ne doit jamais endormir qui ne saura pas comment réveiller son sujet ; la responsabilité encourue ainsi serait des plus graves et pourrait amener des regrets et des remords.

Donc l'aérosôme, cet organe fluidique de la pensée, s'extériorise pendant le sommeil, et, quand le sommeil est provoqué à cet effet, cet esprit suit l'impulsion qu'on lui donne. Rapide comme la pensée, puisqu'il est cette pensée même, ou comme l'éclair de la nature électrique duquel il participe aussi, l'aérosôme s'étend jusqu'au point où on veut l'envoyer, sans cesser de rester par les affinités subtiles de l'éther en communication constante avec ce qu'il emprunte à ses sens corporels pour entendre ce qu'on lui demande et aussi pour y répondre. Partout où il est envoyé, ou, pour mieux dire, partout où il peut aller, il perçoit les vibrations des corps qui lui sont désignés et en rapporte des fluides subtils propres à leur nature et desquels il peut extraire les pensées et les faits qu'on désire connaitre.

Mais il est nécessaire de guider cet esprit complaisant, sinon en lui fournissant tous les renseignements qui peuvent l'éclairer dans sa route, tout au moins en évitant de l'égarer ; car il est, en général, assez pénétrant pour voir qu'on l'abuse et ne répond plus rien, même si on le remet sur le droit chemin ; ou encore, absorbé dans sa faculté d'exploration, il s'égarera et ne pourra fournir que des renseignements obscurs et erronés.

Enfin, pour savoir exactement où il doit aller, et avec quel corps il doit entrer en relation, il est utile de lui confier un guide.

On remettra, à cet effet, entre les mains du médium, un objet ayant été en rapport avec la personne qu'il s'agit de retrouver. Cet objet, soit mèche de cheveux, bague, boucle d'oreille ou vêtement — de ceux qui s'appliquent directement sur l'épiderme — a conservé du corps qui l'a porté des vibrations semblables qui sont pour la subtilité de l'aérosôme du médium un moyen de recherche directe.

Je me trouvais, il y a quatre ans, en villégiature, pendant l'été, au bord de la mer, dans un petit bourg de pêcheurs, aux environs de Trouville. L'arrière saison fut très mauvaise, et de lourds orages mêlés d'ouragans rendaient la mer impraticable. Un matin, après une terrible nuit de tempête, on trouva non loin de là, sur la plage, le cadavre d'un homme que le flux y avait apporté. Son corps avait dû être broyé contre les rochers et sa figure était si tuméfiée qu'il était impossible de reconnaître ses traits. Il portait encore sur la tête le chapeau d'étoffe goudronnée, attaché sous le menton, qui est la coiffure habituelle des marins. On fit des recherches qui restèrent inutiles, personne ne reconnut le naufragé.

Un journaliste de Trouville eut l'idée de m'apporter la coiffure de cet homme et, dans le sommeil somnambulique, je lui déclarai, d'après ce qu'il a rapporté lui-même, que l'homme qui avait été porteur de cette coiffure était mort, que la tête était fracassée, mais qu'avant sa mort il portait une large cicatrice provenant d'une blessure reçue dans des pays lointains. C'était trop peu et cela ne satisfaisait pas la curiosité de ceux qui eussent voulu qu'on découvrit de suite l'identité de ce noyé.

A quelques jours de là, le bruit de cet événement ayant été répandu dans ces parages et la présence d'une somnambule de Paris ayant été déjà signalée par un article plutôt élogieux de l'indiscret journaliste, on vint m'apporter d'un pays riverain de la mer et distant de quelques lieues « Le Home-sur-Mer » un tricot à rayures, appartenant à un disparu, sur lequel on me priait de donner des renseignements. Dans le sommeil je déclarai, toujours d'après les personnes présentes qui en ont témoigné, que ce vêtement appartenait à cette même victime qui, de son vivant, avait une balafre sur la figure et une tâche sur le côté droit de la poitrine. Ces deux indices ayant été reconnus par sa femme et sa famille comme étant bien deux signes particuliers de leur parent, ils firent exhumer le naufragé, et sa femme, à défaut de la face, restée méconnaissable, reconnut au moins la tache au côté, et, à l'aide des autres détails du costume, l'identité fut nettement établie.

Je n'ai noté cet incident qu'à titre d'exemple simple, et il en est beaucoup d'autres qui pourraient démontrer une plus grande lucidité.

Ce fait, ainsi que beaucoup d'autres, ont été relatés par des journaux qui, selon leur disposition d'esprit, m'ont critiquée beaucoup ou louangée a l'excès ; c'est pourquoi je l'ai raconté en quelques mots moi-même, pour lui enlever tout commentaire et n'avoir pas l'air de vouloir imposer au public l'appréciation qu'il en pourra faire. Du reste, de nombreuses preuves ont établi que le somnambulisme peut étendre très loin sa lucidité et même, dans de certains cas particuliers et avec de certains sujets favorables, rien n'empêche qu'il puisse présenter de l'avenir des aperçus exacts. La connaissance d'un être, de son passé et de ses pensées, porte à des déductions probables de ce que seront ses actes futurs, lesquels existent à l'état de germe dans son esprit, dans son aérosôme où l'action est constamment engendrée par la triple combinaison du caractère atavique, de l'éducation et des circonstances.

CHAPITRE VI

VI

Immortalité de l'Ame.
Allan-Kardec et le Périsprit.
La Mort. — Les Esprits Familiers.
Manifestations Spirites.
Les Esprits Vindicatifs.
Nécessité de la Circonspection.
Prières. — Aux Esprits Protecteurs.
Pour Éloigner les Mauvais Esprits.

VI

L'époque où nous vivons se prête peu, nous l'avons dit déjà, à l'étude du monde psychique, et cependant, combien plus vaste que ce qui tombe sous nos sens est le domaine de la vie invisible. Il a fallu toute cette science positiviste et tous ces progrès, certainement méritoires, pour entraîner le public vers le matérialisme ; tandis que, d'un autre côté, la religion chrétienne, dont la doctrine originelle est cependant si haute, après avoir absorbé et monopolisé la Science spiritualiste, chassait, par son intolérance et son absolutisme, en matière de théologie, ceux qu'auraient pu tenter la recherche des lois premières et éternelles.

C'est vers l'antiquité qu'il faut nous reporter par le souvenir si nous voulons retrouver les grandes idées qui ont fécondé le monde et dont nous semblons tant vouloir nous éloigner aujourd'hui.

Pour les anciens Sages de l'Orient et de la Grèce, l'âme était comme un livre où se reflétait, en caractères mystérieux, toutes les réalités et toutes les lois. Par la concentration de leurs facultés, par l'étude méditative et profonde de soi-même, ils s'élevaient jusqu'à la Cause sans cause, jusqu'au Principe d'où dérivent les êtres et les choses. Dans l'ordre physique, les lois innées de l'intelligence leur expliquaient l'ordre et l'harmonie de la nature, et dans l'ordre spirituel, l'étude de l'âme leur donnait la clef du problème de la vie.

L'Ame, croyaient-ils, placée entre deux mondes, le visible et l'occulte, étant capable par conséquent de les observer tous les deux, de les pénétrer et de faire corps avec ces deux éléments à la fois, est l'instrument suprême de la connaissance ; suivant son degré d'avancement et de pureté, elle reflète, avec plus ou moins d'intensité, les rayons du foyer divin.

Du moment qu'on admet l'existence de l'âme et son individualité après la mort, il faut admettre aussi qu'elle est d'une nature différente du corps, puisque, une fois séparée de lui, elle n'en a plus les propriétés, et encore, qu'elle jouit de la conscience d'elle-même, c'est-à-dire qu'elle pense et qu'elle ressent la joie et la souffrance, autrement ce serait un être inerte et autant voudrait pour nous n'en pas avoir.

Ces âmes, où vont-elles ? Cette vieille légende du Ciel et de l'Enfer se trouve aujourd'hui considérablement diminuée ; notre intelligence, outre qu'elle s'accommode mal de l'idée des peines *corporelles* de l'enfer subies par des âmes, cherche où peuvent se trouver cet Enfer et ce Paradis.

Admettons qu'il n'y ait là qu'un symbole ; mais alors, comme tous les symboles, il cache une idée que les initiés des religions ont cru trop profonde pour pouvoir être présentée telle quelle aux croyants.

Les esprits errent dans l'espace après la mort et, selon leur degré de pureté, s'assemblent entre eux. C'est en eux-mêmes que les uns trouvent la récompense d'une bonne existence terrestre dans la satisfaction du souvenir en quelque sorte *matériel* qu'ils en ont emporté et qui leur permet de se joindre aux esprits d'élite avec lesquels il n'est besoin ni de parole ni d'écrit pour s'entendre ; ils peuvent ainsi plonger plus avant avec bonheur et sans fatigue dans la lumière des problèmes éternels. C'est en eux-mêmes aussi que les autres esprits trouvent le châtiment d'une mauvaise vie, dans la conscience de leur abjection, et dans l'obcession qui les étreint de ne pouvoir encore s'élever vers des milieux plus purs.

Les spirites ont l'habitude de nommer *périsprit* ce que nous avons déjà décrit comme *l'aérosôme*. Mais ils n'ont pu, même en faisant venir à leur aide l'intelligence d'esprits élevés, parvenir à connaître et définir la nature intime de cette âme. D'après Allan Kardec ce fluide est la perceptibilité des sens ; l'extension de la vue et des idées. Pourtant, il ne s'agirait là que des esprits élevés. Quand aux esprits inférieurs, les fluides terrestres sont encore complètement inhérents à eux ; donc c'est matière ; de là les souffrances de la faim, du froid, souffrances que ne peuvent endurer les esprits supérieurs dont lâme se trouve épurée des fluides terrestres.

L'âme, pour progresser, a toujours besoin d'un agent ; et elle est telle que sa nature ne peut être comprise par l'homme sans cet agent ; le périsprit est, pour les esprits errants, cet agent au moyen duquel nous pouvons communiquer avec eux soit indirectement par nos sens ou notre périsprit soit directement par l'âme ; delà des infinies nuances de médiums et de communications.

Il y a d'abord à examiner, l'existence de l'âme étant reconnue, si cette âme, après la mort, peut se manifester aux vivants. Quelle serait donc la raison qui pourrait empêcher des êtres intelligents qui restent plus ou moins attachés à notre monde, quoique invisibles par leur nature, d'attester leur présence par de certains moyens dont ils pourraient disposer ? A ne consulter que la raison, il n'y a là rien d'absolument impossible. Cette croyance, d'ailleurs, a été aussi celle de tous les peuples, dans tous les temps, et elle n'aurait certainement pu être aussi générale, et se perpétuer avec tant d'insistance si c'eut été un simple produit de l'imagination humaine.

Tous les prêtres, tous les philosophes, tous les esprits vraiment grands de toutes les époques ont cru à cette survivance manifeste de l'âme, et la seule chose qui, de nos jours, soit venue fortifier le scepticisme, c'est qu'il ne nous est pas possible d'analyser l'âme, comme nous nous faisons forts d'analyser toute chose, puisque son essence échappe à nos investigations positivistes. Ceux qui croient que l'Esprit est l'absence de toute matière, refuseront toujours d'admettre qu'il puisse avoir un pouvoir quelconque sur cette matière. Or, là est l'erreur, car l'esprit, loin d'être une abstraction, est un être défini : incarné dans le corps, il constitue l'âme, mais, lorsqu'il le quitte à la mort, il conserve la forme humaine et quand un esprit nous apparaît c'est sous la forme extérieure où nous l'avons connu.

Observons-les attentivement au moment où ils viennent de quitter la vie ; ils sont dans un état de trouble ; tout est confus autour d'eux ; ils voient leur corps sain ou mutilé selon le genre de mort ; d'un autre côté, ils se voient et se sentent vivre ; quelque chose leur dit que ce corps est à eux, et ils ne comprennent pas qu'ils en soient séparés. Ils continuent à se voir sous leur forme primitive, et cette vue produit chez quelques-uns, pendant un certain temps, une singulière illusion : celle de se croire encore vivants ; il leur faut l'expérience de leur nouvel état pour se convaincre de la réalité.

Ce premier moment de trouble dissipé, le corps devient pour eux un vieux vêtement dont ils se sont dépouillés et qu'ils ne regrettent pas ; ils se sentent plus légers et comme débarrassés d'un fardeau ; ils n'éprouvent plus les douleurs physiques et sont tout heureux de pouvoir s'élever, franchir l'espace, ainsi que, de leur vivant, ils l'ont fait maintes fois dans leurs rêves. Cependant, malgré l'absence du corps, ils constatent leur personnalité ; ils ont une forme, mais une forme qui ne les gêne ni ne les embarrasse ; ils ont enfin la conscience de leur *Moi* et de leur individualité. Que devons-nous en conclure ? C'est que l'âme ne laisse pas tout dans le cercueil, et qu'elle emporte quelque chose avec elle.

Cette âme emporte le périsprit ou aérosôme qui est son corps fluidique (1), lequel possède des sens analogues à ceux du corps mais d'une puissance bien supérieure. Il voit par la lumière spirituelle, différente de la lumière des astres et que les sens matériels ne peuvent percevoir, quoiqu'elle soit répandue dans tout l'Univers. Mais si la force spirituelle est supé-

---

(1) *St Paul, dans sa première épitre aux Chorinthiens, dit :*

« *L'homme est mis en terre comme un corps animal et il ressuscitera comme un corps spirituel. De même qu'il y a un corps animal, il y a un corps spirituel* ».

rieure, il ne peut la rendre sensible à nos sens, c'est-à-dire la *matérialiser* qu'en se servant de l'aide d'un médium dont il peut s'assimiler les moyens d'agir. Toutefois ces moyens nouveaux pour eux ne peuvent être que temporaires, car ils sont le résultat d'une situation anormale. Aussi, l'expérience une fois produite, les éléments de cette association retournent à leurs sources respectives.

Ainsi que le dit si bien Léon Denis dans son beau livre : *Après la Mort*, il n'est pas d'homme sur qui n'agisse l'influence bonne ou mauvaise des Esprits. Nous vivons au milieu d'une foule invisible qui assiste, silencieuse, attentive, aux détails de notre existence, participe par la pensée à nos travaux, à nos joies et à nos peines. Dans cette foule, ont pris rang la plupart de ceux que nous avons rencontrés sur terre et dont nous suivîmes jusqu'au champ funèbre le pauvre vêtement usé. Parents, amis, indifférents, ennemis, tous subsistent et sont ramenés par l'attraction des habitudes et des souvenirs vers les lieux et vers les hommes qu'ils ont connus.

Cette foule invisible nous influence, nous observe, nous inspire, nous conseille à notre insu, et, dans certains cas, même nous obsède, nous poursuit de sa haine et de sa vengeance.

Tous les écrivains connaissent ces heures d'inspiration, où leur pensée s'illumine de clartés inattendues ; où leurs idées coulent comme un torrent sous leur plume. Qui de nous d'ailleurs, aux moments de tristesse, d'accablement, de désespoir, ne s'est senti parfois ranimé, réconforté par une action mystérieuse et intime ? Ces écrivains subitement inspirés, ces inventeurs soudainement éclairés, sont autant de médiums intuitifs, inconscients.

Chez d'autres, la faculté de communiquer avec les Esprits revêt une forme plus nette, plus accentuée. Les uns sentent leur main entraînée par une force étrangère et couvrent le papier de conseils, d'avis, d'enseignements variés. Les autres, riches en fluide vital, voient les tables s'agiter sous leurs doigts et obtiennent, au moyen de coups frappés par ces meubles, des communications plus lentes, mais plus précises et plus propres à convaincre les incrédules. Certains, plongés par l'influence des Esprits dans le sommeil magnétique, abandonnent la direction de leurs organes à ces hôtes invisibles, qui en usent pour converser avec les incarnés, comme au temps de leur vie corporelle.

Rien de plus étrange et de plus saisissant que de voir défiler successivement dans l'enveloppe frêle et délicate d'une dame, voire d'une jeune fille, les personnalités les plus diverses, l'esprit d'un défunt quelconque, d'un prêtre, d'un artisan, d'une servante, se révélant par les attitudes caractéristiques, par le langage qui leur était familier, pendant leur existence ici-bas.

Mais que dire, lorsque ce sont des Esprits connus et aimés des assistants qui viennent affirmer leur présence et leur immortalité, prodiguer à ceux qu'ils ont laissé après eux sur le chemin ardu de la vie les exhortations et les encouragements, montrer à tous le but suprême ? Qui peindra les effusions, les transports, les larmes de ceux qu'un père, une mère, une femme aimée, viennent, du fond de la tombe, consoler, réchauffer de leur affection et de leurs conseils ?

Certains médiums facilitent, par leur présence, le phénomène des apparitions, ou plutôt, selon une expression nouvelle, des *matérialisations* d'Esprits. Ces derniers empruntent au périsprit du sujet une certaine quantité du fluide, se l'assimilent par la volonté et conduisent leur propre enveloppe jusqu'à la rendre visible et quelquefois tangible.

Quelques médiums servent aussi d'intermédiaires aux Esprits pour transmettre aux malades et aux infirmes des effluves magnétiques qui soulagent et parfois guérissent ces malheureux. C'est là une des formes les plus belles et les plus utiles de la médiumnité.

Disons encore qu'une foule de sensations inexpliquées proviennent de l'action occulte des Esprits. Par exemple, les pressentiments qui nous avertissent d'un malheur, de la perte d'un être aimé, sont causés par les courants fluidiques que les désincarnés projettent vers ceux qui leur sont chers. L'organisme ressent ces effluves, mais rarement la pensée de l'homme cherche à les analyser. Il y a pourtant dans l'étude et dans la pratique des facultés médianimiques une source d'enseignements élevés.

Malheureusement, il n'y a pas que de bons Esprits et, souvent, des esprits grossiers et vindicatifs sont venus manifester leurs ressentiments, auprès de ceux qu'ils considéraient comme leurs ennemis. Ces accès de méchanceté des Esprits se traduisent le plus souvent par des bruits nocturnes et des coups frappés tantôt d'un côté tantôt de l'autre, ou bien l'Esprit trouve à sa portée un médium inconscient et favorable et lui fait exécuter sa vengeance. Je crois pouvoir citer à ce propos un fait auquel j'ai été personnellement mêlée et qui, à son époque, a été reproduit par de nombreux journaux (1).

---

(1) *Nous empruntons ici la version donnée par l'INDÉPENDANCE HAVRAISE, dans son numéro du 4 Février 1896.*

UNE FERME HANTÉE

L'Indépendance Havraise

4 Février 1896.

Une série d'accidents et d'incidents étranges avaient surexcité au plus haut point les habitants d'une commune des environs de Dieppe.

La perte continuelle d'animaux dans une ferme importante agitait et inquiétait tout le monde dans ce petit village, surtout par la façon mystérieuse dont ces dégâts se produisaient ; tantôt encore, tout était dérangé de place dans les étables, le bétail détaché, les chevaux sortis de leur écurie et conduits avec les vaches, les moutons pêle-mêle dans la cour ; des poules et des lapins étaient trouvés noyés dans la mare.

Le sieur T..., le pauvre fermier ne savait à quoi attribuer toutes ces misères ; il en perdait la tête et eût certainement tout abandonné, si sa fille unique, enfant âgée de 18 à 19 ans ne l'eût retenu.

Une espèce d'épidémie s'était surtout portée sur les bêtes à cornes : différents vétérinaires furent consultés, sans résultat appréciable, et leurs pratiques ne purent arrêter les ravages.

Des personnes pieuses conseillèrent au cultivateur d'en référer à M. le Curé, disant que la maison était hantée par le diable, et le curé, vieillard respectable, s'empressa de se rendre à la ferme, et par ses exorcismes, crût chasser le démon de cette maison. Mais, malgré les conjurations, les désordres continuèrent et tous les deux ou trois jours, une bête nouvelle était enlevée par une mort inexplicable.

Ce fermier, ainsi que sa fille ne se connaissaient cependant pas d'ennemis, et leurs domestiques étaient dévoués à leur maître autant qu'à leur jeune maîtresse.

Détail imcompréhensible, la clef de l'écurie principale s'étant trouvée égarée, on ne la retrouva que quelques jours plus tard, dans un tiroir de secrétaire où le fermier mettait sa correspondance d'amis et de parents.

Un vieux petit rentier campagnard qui passait pour savant et croyait aux esprits, conseilla de consulter un médium, affirmant que tout ce qui était arrivé jusqu'à ce jour n'était causé que par un esprit malfaisant et perturbateur.

Il se chargea lui-même d'aller trouver Mme Dulora de la Haye, au Havre, et chercha à la décider à se rendre dans cette maison ; elle y consentit à la suite du récit navrant qu'il fit, mais elle déclara pourtant qu'elle ne pouvait rien garantir.

Après qu'on lui eût expliqué les dommages qui avaient été causés, et après avoir examiné la place de tout ce désordre, la devineresse demanda à ce qu'on la laissât seule dans une chambre, et les curieux qui étaient venus à la fenêtre voir ce qu'elle faisait, ne purent constater qu'une chose : qu'elle avait l'air de dormir les yeux ouverts. Après une demi-heure d'extase, la somnambule expliqua qu'elle s'était mise en rapport avec l'esprit, cause de tous ces dégâts, lequel avait pu rendre complice de tous ces mauvais desseins, un jeune berger de cette ferme qui couchait dans l'étable principale et qui se trouvait être, sans le savoir, doué d'un singulier pouvoir de médium.

Pendant son sommeil, des esprits le forçaient à se relever et dans la même nuit à tout bouleverser et même à mêler des substances pernicieuses à la nourriture des bestiaux.

L'Esprit évoqué avait encore répondu, paraît-il, qu'il était cousin germain de ce fermier, qu'à cause de sa laideur, il n'avait pu épouser sa jeune cousine et qu'il avait alors quitté la terre par une mort violente; toutefois, il avait promis de ne plus revenir.

Et, chose extraordinaire, tout désordre a cessé depuis cette visite. Ajoutons toutefois que le garçon de ferme interrogé, une sorte de niais, innocent sinon inoffensif, ne sut ce qu'on lui voulait et qu'il n'a pas encore compris pourquoi on le fait maintenant coucher dans un grenier sans ouverture et où il reste enfermé jusqu'au matin.

Pour conclure, nous dirons que, s'il est possible d'évoquer les esprits et de communiquer avec eux, soit d'âme à âme, par intuition, soit par la possibilité de recevoir l'influence de l'Esprit en abandonnant ses sens et ses mouvements aux directions de sa volonté, comme dans le cas du médium écrivain ou des tables parlantes par voie de médiums, et, s'il est encore possible de percevoir des coups et des vacarmes attribués à des esprits perturbateurs, encore faut-il s'assurer d'abord que la manifestation n'est pas entachée de supercherie. Ensuite ne doit-on attacher à ces bruits qu'une importance relative et en tous cas n'en jamais concevoir aucun effroi. A ce propos nous citerons la fausse alerte dont le *Courrier du Havre* a publié le récit à la date du 9 Juillet 1896.

UN REVENANT DANS UNE BONBONNE

Courrier du Havre

9 Juillet 1896.

Tous les habitants de la petite commune de V... située de l'autre côté de l'eau, dans le Calvados, étaient en émoi, et, parmi eux surtout, les propriétaires et domestiques d'une maison, qui passait pour être hantée.

Chaque nuit et même souvent dans la journée, un esprit, croyait-on, y faisait un vacarme épouvantable.

Dans le grenier de cette maison, une sorte de petite bonbonne vide tournait et marchait toute seule ; à n'en pas douter, l'esprit perturbateur était dans cette bouteille.

Madame Dulora de la Haye, la célèbre devineresse du Havre, fut priée de se rendre dans cette maison, pour en chasser l'esprit malin.

Elle vint et fut conduite dans ce grenier, scène de tout ce tapage, elle s'empara de la fameuse bouteille, et sous l'œil craintif des assistants qui s'attendaient à une lutte terrible avec ce méchant esprit, elle brisa la bouteille. De même que dans la fable de la montagne il s'en échappa.... une souris, laquelle fut d'ailleurs happée au passage, par le chien du fermier.

Madame Dulora n'eut alors pas de peine à démontrer que la souris, entrée maigre dans cette bonbonne pour y manger du grain qui s'y trouvait, n'avait pu en ressortir à cause de l'embonpoint causé par cette ripaille.

C'est le propriétaire lui-même de la maison hantée qui nous donne ces détails, et nous les reproduisons ici, à la louange de Madame Dulora, qui a su pardonner le dérangement qu'on lui avait occasionné dans une circonstance aussi futile.

Mais cette anecdote ne saurait rien prouver sinon qu'il ne faut pas, au premier bruit, croire à la présence des Esprits, et surtout, il ne faudrait pas en conclure qu'il n'existe pas de manifestations réelles ayant en quelque sorte un caractère grave et pieux. S'il s'en produisait des symptômes à notre portée, notre premier soin devrait être de chercher, par tous les moyens que le spiritisme pratique met à notre disposition, à entrer en relation directe avec l'Esprit, à savoir qui il est, pour quelle cause il se manifeste, et ce qu'il désire ; car on trouverait assurément dans cet entretien une source de félicité spirituelle, en même temps que d'excellents conseils pour la vie terrestre.

Et, bien qu'on prétende toujours que « la forme n'est rien et que l'idée est tout » néamnoins, il est bon surtout, en ce qui regarde toute expérience ou toute pratique tendant à élever l'âme, de s'astreindre à des formules qui donnent plus de corps à la volonté. Allan Kardec, le grand maitre du Spiritisme l'a si bien compris, qu'il a composé un livre intitulé : *Prières et méditations spirites*, dont nous détachons les deux passages suivants :

Prière aux Esprits protecteurs

Mon Dieu, permettez aux bons Esprits qui m'entourent de venir à mon aide lorsque je suis dans la peine et de me soutenir quand je chancelle. Faites, Seigneur, qu'ils m'inspirent la Foi, l'Espérance et la Charité ; qu'ils soient pour moi un appui, un espoir et une preuve de votre miséricorde ; faites enfin que je trouve près d'eux la force qui me manque dans les épreuves de la vie, et pour résister aux suggestions du mal, la foi qui sauve et l'amour qui console.

Pour éloigner les mauvais Esprits

Au nom de Dieu Tout-Puissant, que les mauvais Esprits s'éloignent de moi, et que les bons me servent de rempart contre eux !

Esprits malfaisants qui inspirez aux hommes de mauvaises pensées, Esprits fourbes et menteurs qui les trompez, Esprits menteurs qui vous jouez de leur crédulité, je vous repousse de toutes les forces de mon âme et ferme l'oreille à vos suggestions ; mais j'appelle sur vous la miséricorde de Dieu.

Bons Esprits qui daignez m'assister, donnez-moi la force de résister à l'influence des mauvais Esprits et les lumières nécessaires pour n'être pas dupe de leurs fourberies. Préservez-moi de l'orgueil et de la présomption ; écartez de mon cœur la jalousie, la haine, la malveillance et tout sentiment contraire à la charité, qui sont autant de portes ouvertes à l'esprit du mal.

Nous verrons plus loin que la formule d'une prière ou d'une évocation peut aider dans la magie à faire éclore des réussites que les autres pratiques employées seules ne pourraient faire obtenir.

L'homme qui veut communiquer avec le

monde supérieur a toujours besoin de s'isoler dans son sujet et il ne peut le faire qu'en condensant l'attention de ses sens et de son esprit sur des paroles et des actes en rapport direct, monotone et absolu, avec le résultat qu'il cherche.

CHAPITRE VII

VII

Miracles, Apparitions réelles.
Thaumaturges hindous.
Suggestions des Foules.
Astrologie des Anciens.
Influence des Astres.
Le Zodiaque. — Horoscopes.

VII

Nous l'avons déjà dit et nous ne saurions trop l'affirmer, la foi, en toutes choses du domaine spirituel comme en Magie, est la clef qui ouvre toutes les portes, rend tout possible et accomplit les miracles.

« Si vous aviez la Foi, vous pourriez guérir comme moi, disait Jésus à ses disciples... »

L'image qui représente la Foi comme capable de soulever des montagnes, n'est pas seulement une figure de rhéthorique, car c'est avec cette Foi que les hommes ligués entre eux, dans les formes où le comporte l'esprit, essentiellement matériel du Siècle, peuvent creuser la terre, percer des canaux, des îsthmes, et transformer la surface du sol ; c'est cette même foi qui qui a présidé à la construction des merveilleux monuments de l'Inde et de l'Egypte, des Pyramides et du Sphinx de Gizeh.

Dans le monde spirituel qui, comme nous l'avons démontré, tient de si près à la matière, sa force est autrement considérable, car elle agit alors sur son propre élément, sur l'Esprit.

Quand les fidèles se sont réunis à N.-D. de Lourdes, ou à N.-D. de la Salette, et dlus récemment encore à Tilly-sur-Seulles, et quand plusieurs parmi eux dont l'esprit entraînant les autres vers la même idée, voyaient réellement et contribuaient à faire voir l'apparition de la Vierge, soit dans les airs, soit dans une grotte, il serait puéril de croire qu'il y avait là quelque effet de charlatanisme ou de lanterne magique. Certes, les effets d'illusion obtenus, ces temps derniers, au moyen d'instruments d'optique pourraient permettre des apparitions dans des conditions particulières, mais le moyen serait vite dévoilé par les nombreux curieux et sceptiques qu'attirent aussi ces phénomènes. Point n'est besoin d'instrument du reste ; et il faut bien admettre que la réunion d'un certain nombre de personnes prédisposées à croire à une certaine chose d'ordre spirituel, telle qu'une apparition, engendre cette apparition.

Et tous l'ont vue ; même des incrédules mêlés à la foule sont revenus convaincus.

La Vierge, dans un costume de gloire et de lumière leur est apparue !

Les matérialistes endurcis prétendraient toujours ironiquement que pareille aubaine ne leur serait pas arrivée d'assister à un miracle, et, si par hasard, ils avaient été témoins parmi la foule, ils n'auraient pas manqué de mettre le phénomène sur le compte soit d'une projection lumineuse faite par un farceur, soit d'un moment d'absence de leur esprit.

Oui, moment d'absence si l'on veut, pendant lequel la force psychique a pu arracher à son élément cet esprit imbu d'idées matérielles pour le confondre par une de ses fulgurantes manifestations.

Même après cela, notre homme ne sera

pas toujours convaincu et lui qui prétendait ne devoir croire *que ce qu'il voyait*, après avoir vu, pourra encore dire qu'il a été le jouet d'une illusion.

Il ne pourra comprendre que ce qui est illusion et rêve passager c'est cette vie elle-même, cette vie si vaine et si courte — qui lui semble à lui si réelle — et que le monde de l'Esprit dont il se moque, embrasse l'infini de l'espace et des temps.

Ainsi donc, il faut considérer comme réelles les apparitions que l'histoire des religions signale, d'abord, parce qu'il est possible que les prêtres, philosophes et autres saints personnages aient disposé dans l'éther de la puissance matérielle nécessaire pour se manifester et aussi parce que l'influence qui se dégage d'un groupe d'hommes croyants assemblés dans un même esprit, dans une même attente peut provoquer ces apparitions.

Dans de certains cas, des réunions de ce genre peuvent même engendrer le phénomène ; c'est ce qui s'est encore passé, il y a peu de temps aux Indes où des savants européens, ont été amenés, par curiosité, à assister de près à des séances publiques de thaumaturges hindous.

Cette réunion avait lieu en plein air, en rase campagne. Au milieu du cercle de la foule se tiennent les quelques fakirs et ascètes qui doivent donner publiquement des marques de leur puissance. L'un deux, à un moment donné, s'avance bien en vue dans le milieu du cercle et là, saisissant une longue corde roulée qui est à terre, il en projette le bout violemment en l'air où elle monte jusqu'à ce que l'autre extrémité pende vers le sol. S'attachant ensuite à cette corde, l'opérateur y grimpe en s'aidant des pieds et des mains et monte, monte dans les airs si haut, *qu'à la vue de tous*, il devient un point imperceptible ; puis on le voit lentement redescendre et enfin toucher terre. Ce miracle d'un thaumaturge, en quelque sorte professionnel, nous a été rapporté par de nombreux voyageurs aux Indes, par des savants anglais impartiaux et par notre orientaliste Jacolliot.

J'avais eu, il y a quelques années, la visite de M. Maindron, un jeune explorateur, voyageant pour son plaisir et son instruction, homme très digne de foi, et qui avait pénétré jusqu'à Nagpour, au cœur de l'Indoustan. Il avait aussi assisté à une ascension semblable, et, comme les européens qui l'avaient précédé, il était bien certain d'avoir vu de ses yeux cette chose incompréhensible. Il visa d'une jumelle photographique, qui ne l'abandonne jamais, l'homme en train de grimper à sa corde, mais, chose surprenante, son viseur, qui enregistrait si nettement chaque scène qu'il voulait reproduire, ne lui donnait là qu'une vague silhouette ; il pressa le bouton néanmoins et prit ainsi plusieurs vues. Quelle ne fut pas sa surprise quand, après avoir consciencieusement développé ses plaques, il ne distingua plus rien que des nuages. Donc le collodion sec n'avait, lui, subi aucune suggestion et avait reproduit l'espace vide dans lequel l'imagination surexcitée de cette foule avait pourtant bien vu monter et disparaître le fakir, pour le voir ensuite redescendre et atterrir.

Et lui, sceptique, avait laissé saisir ses

sens ; il avait vu, il ne pouvait le nier et on lui demanderait sur l'honneur de témoigner, qu'il se verrait forcé de déclarer *qu'il avait vu cela.*

Il ne faudrait pourtant pas confondre avec le charlatanisme positif et vulgaire la production d'un phénomène pareil ; il est certain qu'il ne peut être produit que par une profonde science psychique, et, précisément parce qu'il n'y a là d'autre moyen d'action que la suggestion d'une foule toute entière, c'est un fait qui mérite qu'on l'étudie. Ce fait et quelques autres qui sont comme les épaves échappées au naufrage des religions anciennes donnent la mesure de la puissance à laquelle avaient dû parvenir les anciens Brahmanes, dont l'histoire se perd dans la nuit des temps.

En Asie, la sérénité du firmament et la majesté des phénomènes célestes attirèrent de bonne heure l'observation et frappèrent l'imagination. Ainsi, tous les peuples primitifs virent dans les astres autant de divinités auxquelles ils prêtèrent des influences bienfaisantes ou malfaisantes, influences qu'ils avaient réellement pu constater pour le Soleil et pour la Lune.

C'est dans le vaste empire de Babylone que les Chaldéens, une peuplade privilégiée, s'adonnèrent d'abord à l'Astronomie. Ayant construit des temples élevés qui étaient comme de véritables observatoires, ils s'astreignirent à une contemplation journalière du firmament et découvrirent ainsi les principales des lois qui le regissent. Telle était la célèbre tour de Babylone, monument consacré aux *sept planètes* (fig. 1) et dont le souvenir a été perpétué par une des plus anciennes traditions que nous ait conservé la Genèse, sous le nom de tour de Babel.

Une longue suite d'observations mirent les Chaldéens en possession d'une astronomie théologique, reposant sur la théorie de l'influence des corps célestes appliquée aux événements et aux individus. Mais toute la science des hommes et des choses se trouvant ainsi ramenée à la connaissance des phénomènes célestes, les prêtres, les astrologues, se divisaient en plusieurs catégories, médecins, magiciens, devins, etc.....

Il est certain que leur science profonde était aussi bien fondée sur des notions

Figure 1

positives de météorologie, que de physique, de chimie et de médecine ; sans quoi ils n'auraient pu atteindre parmi les peuples de leur époque à cette réputation étonnante qu'ils eurent d'opérer des prodiges.

Dans les principales villes, tant en Egypte qu'aux Indes, des écoles de prêtres s'étaient formées qui sanctionnèrent la science astrologique, en ce sens que, nées d'elles-mêmes et de différentes sources, elles n'en professaient pas moins des théories et des pratiques semblables au fond.

La forme ainsi restait la même, car on transmettait aux affiliés les noms qui étaient les mêmes pour désigner les Dieux principaux et dont certains ne devaient jamais être prononcés; d'autres, au contraire, devaient être répétés fréquemment dans les invocations et avaient alors une vertu magique par laquelle les évocateurs pouvaient dominer ces dieux et les faire servir à leurs projets. C'est chez les Hindous surtout que la Magie atteignit son plus haut développement, et toute leur littérature est pleine des merveilles de la Mâyâ. Ce mot qui signifie « Magie » exprime en sanscrit l'intelligence mise en force d'action pratique et s'étend surtout à la possession des forces et des moyens surnaturels.

Les moines ascètes passaient leur existence dans la mortification, persuadés qu'ils étaient de disposer d'autant mieux de leur esprit et de son pouvoir que le corps existait peu. Pour eux, la mortification, poussée jusqu'au complet mépris des besoins corporels, assurait, avec la félicité suprême, l'empire sur toutes choses.

Ces coutumes ont subsisté et quoique le culte ne puisse plus s'exercer avec les pompes et dans les temples merveilleux d'autrefois, on a conservé chez ces peuples et chez quelques autres, tels les Bohémiens, toute une science complexe et transmise de bouche en bouche et de générations en générations. Il y a des cérémonies et des sortilèges pour les divers actes de la vie, surtout pour les différentes périodes de l'enfance, et aussi pour découvrir les trésors cachés ; il existe des procédés compliqués pour faire les charmes, et composer les amulettes et pour prendre l'horoscope, ou encore des exorcismes pour chasser les démons, et des formules pour commander aux Esprits. Tous ces procédés se sont perpétués, malgré toutes les persécutions, et elles furent terribles cependant, notamment celles des empereurs romains et bysantins convertis au fanatisme des premiers chrétiens.

L'Astrologie, sous couleur d'Astronomie, n'étant exercée à cette époque que par des savants en quelque sorte officiels, échappa plus que la magie et les sacrifices à cette rage des persécuteurs et jusqu'à nos jours elle est restée la même dans ses lignes générales.

L'action bienfaisante du Soleil sur la Terre est tellement pénétrante que, comme d'une chose très terrestrement naturelle, on ne peut s'en préoccuper beaucoup. Celle de la Lune est plus mystérieuse, la nature physique de la femme y est intimement soumise aussi bien que les grands mouvements de l'Océan et les végétaux subissent manifestement l'influence bonne ou mauvaise de l'astre des nuits.

A l'époque de la lune rousse par exemple, une nouvelle accouchée ne doit pas quitter le lit, non plus qu'un malade qui se croirait guéri et qu'une rechute atteindrait sûrement ; et le paysan observe à ce moment surtout avec une juste inquiétude les jeunes pousses du grain qu'il a semé.

Voilà tout ce qui est apparent et ce que chacun connaît ; mais les autres astres, les planètes qui dépendent de notre même système se trouvant dans notre voisinage et qui, comme la Terre et la Lune, sont entraînés dans des courbes certaines et définies autour de ce Soleil qui les chauffe et les fait vivre, ont aussi les unes sur les autres une influence indéniable. D'où une action immédiate des corps célestes sur les corps humains, plus particulièrement efficace au moment de la naissance et très capable par exemple, en cet instant, de déterminer le tempérament des individus, ou au moins de leur donner de certaines dispositions physiques qui entraînent des propensions morales correspondantes.

Serait-ce là du fatalisme ? Assurément non, car un astrologue sérieux comprendra toujours qu'il y a lieu de concilier le libre arbitre avec l'influence des astres.

L'horoscope d'un homme est donc le

pronostic que l'on tire à son sujet des différentes positions qu'occupaient les *astres* et les *constellations* au moment où a eu lieu sa naissance.

L'hémisphère céleste est divisé en douze parties égales par autant de méridiens passant par les douze signes du Zodiaque qui, correspondant à peu près à l'ordre des douze mois de l'année, sont :

    Le Verseau
    Les Poissons
    Le Bélier
    Le Taureau
    Les Gémeaux
    L'Ecrevisse
    Le Lion
    La Vierge
    La Balance
    Le Scorpion
    Le Sagitaire
    Le Capricorne

Ces douze séparations de la voûte portent le nom de *maison* et chacune comporte des signes de bonheur ou de malheur ainsi qu'il est inscrit dans la figure 2.

Pour tirer l'horoscope d'un individu il faut d'abord déterminer quelle *maison* se trouvait au Nord au moment de sa naissance et en même temps la disposition des

Figure 2

planètes qui se trouvaient passer par cette maison à ce moment.

Le sytème des planètes, entrainées comme la Terre dans un mouvement elleptique autour du Soleil, et sous sa dépendance directe, a tout entier une influence immédiate sur nous, comme sur les plantes et les animaux. Cependant, il est utile, en astrologie, de se conformer à la théorie des anciens qui ne connaissaient de ce système que sept planètes, les autres, trop éloignées pour êtres perçues par eux, n'ayant été découvertes que récemment au moyen d'instruments perfectionnés; leur éloignement est cause qu'elles ne sauraient avoir une influence bien appréciable. Ces sept planètes, dont les qualités ont été étudiées, comme nous l'avons vu, dès l'antiquité la plus reculée, sont :

LE SOLEIL, influence favorable et bienfaisante.

SATURNE, à la lueur morne, est presque toujours défavorable.

JUPITER est presque toujours favorable.

MERCURE, aux rayons mobiles, est, selon sa situation, tantôt bon, tantôt néfaste.

MARS, au feu ardent, est parfois néfaste.

VÉNUS, à la douce lumière, est la plus souvent favorable.

La Lune, monde éteint, très souvent défavorable.

Mais, il faut, pour bien établir ces diverses combinaisons, une certaine pratique de l'*Astrologie* qui permette, quand un horoscope est demandé, de reconstituer l'état du Ciel au moment de la naissance qui a été indiqué, et cette étude donnerait lieu à des développements qui nous entraîneraient hors de notre tâche.

Toutes les histoires anciennes et du moyen-âge sont pleines d'exemples que des astrologues ont présidé à la naissance de nombreux princes, rois et empereurs. Et, même de nos jours, bien qu'on s'en cache, les riches et puissants convoquent, lors de la délivrance, quelqu'une des célébrités de l'astrologie pour établir la position des astres à ce moment et tirer les déductions générales qu'ils peuvent déterminer.

Cette influence des astres dont nous venons de parler, et qui trouvera beaucoup d'incrédules, est cependant réelle. Nous rencontrons dans la vie deux personnes qui, subitement, se trouveront attirées l'une vers l'autre irrésistiblement ; amitié entre hommes, amour entre homme et femme. Comment expliquer cette subite sympathie ? Informez-vous du moment de la naissance des deux amis ou amants et, si vous êtesapte à le faire, dressez l'horoscope de chacun ; infailliblement vous trouverez dans l'un et l'autre une heureuse disposition des mêmes planètes dans la même *maison*.

L'expérience contraire sera tout aussi concluante, quand vous l'aurez faite au sujet de deux individus qui, s'étant rencontrés dans un cercle d'amis, sans se connaître, se sont, dès le premier moment, voués une invincible inimitié, parce qu'ils sont nés — ils ne s'en doutent pas — sous des combinaisons opposées et antipathiques.

CHAPITRE VIII

VIII

Talismans, Reliques et Médailles.
Notre-Dame de Lourdes.
Remèdes magiques dans les Accouchements.
Talismans des sept Planètes.
Miroirs magiques. — Le verre d'eau.
Miroirs Métalliques.
Invocations. — Envoutements.

VIII

Les astrologues de l'antiquité ne bornaient pas leur mission à tirer des horoscopes et à prédire l'avenir, ils composaient aussi des talismans dont chacun avait une propriété particulière. L'histoire est encore là pour nous montrer que les monarques les plus croyants, les plus confiants dans leur étoile, ceux dont rien ne pouvait briser l'énergie, tels Louis XI et Napoléon Ier par exemple, portaient des amulettes dont ils prenaient un soin religieux. Encore de nos jours, de par le monde entier, ils sont nombreux ceux qui mettent leur confiance dans des médailles bénites ou dans des fétiches payens.

En Italie il est d'usage de porter une

main de métal ou de corail, dont l'index et le médius seuls sont étendus et séparés pour conjurer les mauvais sorts ; mais elle ne saurait garder son pouvoir si le porteur ne la saisissait parfois en prononçant une certaine incantation.

C'est aussi dans l'Italie méridionale, à Naples, que San Gennaro (St-Janvier), opère, chaque année, à son jour de fête, dans l'Eglise dont il est patron, un miracle des plus curieux. Les prêtres y conservent pieusement un flacon de son précieux sang coagulé. Au jour dit, la sainte relique est montrée au peuple assemblé et le miracle qui doit s'opérer est celui-ci : A midi, si San Gennaro est content de ses fidèles et veut les gratifier d'une année favorable, le sang présenté se met à bouillir et à monter dans le flacon. Tout le peuple alors se précipite à genoux et rend grâce pour le miracle accompli.

Dans le midi de la France, les croyants sont constellés de médailles auxquelles ils attachent des propriétés particulières.

St-Nicolas a la double vertu de guérir les enfants et de calmer les tempêtes.

St-Georges protège les récoltes.

St-Démétrius est préposé à la garde des troupeaux.

St-Roch et St-Hubert sont efficaces contre la rage.

St-Benoît chasse les mauvais esprits.

St-Antoine est imploré utilement pour retrouver les choses perdues ; en Italie, le même saint est le Dieu des cirques et le patron des chevaux.

C'est encore dans ce pays que chaque angle de rue, on pourrait dire de maison est orné d'une statuette de la Vierge où parfois de St-Joseph, devant laquelle brûle jour et nuit une lanterne ou des cierges et jamais l'on ne doit passer devant ces saintes images sans faire le signe de la croix.

La Foi, en France, pour être moins démonstrative n'en est pas moins sincère, si l'on se reporte aux prodiges opérés par les reliques, les sources qui guérissent spécialement telle ou telle affection, comme celle de N.-D. de Lourdes, qui attire, chaque année, un si grand nombre de pèlerins. Cette auto-suggestion des foules dont nous avons parlé fait que les croyants qui peuvent être guéris s'en retournent guéris, les autres sont du moins soulagés ; l'incrédule seul ne doit pas espérer tirer de cette cure aucun bon résultat.

Il convient de signaler encore l'effet des émotions morales sur la durée du travail dans les accouchements et, par suite, sur celle des douleurs. Les prières, les reliques agissent souvent sur l'imagination des personnes pieuses et peuvent avoir une influence favorable sur le travail. Dernièrement, à l'accouchement de S. M. la reine d'Espagne, suivant *la Epocca*, on avait exposé, auprès de la royale alitée, un os de St-Jean-Baptiste, le peigne de la Vierge Marie avec trois de ses cheveux et une chemisette de Notre Seigneur Jésus-Christ. De même, aux couches de Marie de Médicis, raconte la sage-femme Louise Bourgeois, « *les reliques de Madame Saincte Marguerite étoient sur une table dans la chambre, et deux religieux de Sainct-Germain-des-Prez qui pryoient Dieu sans cesser* »...., le mal dura vingt-deux heures. On sait que l'impératrice Eugénie, pendant toute la durée de l'accouchement du Prince impérial (1856), tenait dans sa main un précieux reliquaire prêté par Pie IX ; ce qui n'empêcha pas l'application du forceps.

Chez les anciens, certaines substances passaient pour faciliter l'accouchement, par exemple le dyctame, dont on couronnait Lucine. Au dix-septième siècle, la « Poudre de la Royne » *poudre composée de racine de grande consoude, de noyaux de pêche, de noix de muscades, d'ambre jaune et gris*, était très employée, *tant pour garantir des douleurs restées après un travail violent, que mesme pour rendre le futur accouchement tranquille et moins douloureux*. On pensait aussi obtenir le même résultat en appliquant sur le ventre de l'accouchée le placenta et ses annexes, aussitôt après la délivrance, ou encore en écorchant tout vif un mouton noir « *en la chambre de la malade, pour de la peau toute chaude, parsemée de poudres de roses et de mytiles, luy envelopper les reins et le bas-ventre* ». Une pierre d'aimant fixée près de l'aine, la dépouille d'un serpent maintenue autour de l'abdomen, une ceinture faite en peau d'élan et mise autour de la cuisse passaient pour avoir la propriété d'accélérer l'accouchement. Tous ces remèdes et bien d'autres eurent leur moment de vogue, et, dans bien des pays encore, des remèdes analogues reçoivent une application journalière.

Au moyen âge, en même temps que le catholicisme adaptait à son esprit des pratiques capables de rallier à lui les gens d'une foi outrée, il organisait partout la guerre contre les alchimistes et les astrologues. Les procédés antiques de ces derniers, souvent plus appéciés des princes que ceux des prêtres, firent que leur jalousie enfanta d'horribles persécutions.

Mais la Magie n'était jamais morte et a trouvé le moyen de nous parvenir, si bien qu'on peut retrouver encore ces talismans, et ces moyens secrets que les astrologues mirent en usage et qui, si réellement ils n'avaient aucune base physique, chimique ou psychique auraient depuis longtemps été délaissés comme des jouets ridicules. C'est donc que l'expérience démontrait qu'ils étaient capables d'une certaine influence, de même que tant de pratiques secrètes qui, en impressionnant fortement les esprits, arrivaient à produire les résultats recherchés.

Nous donnons ici la description des talismans les plus curieux qui nous aient été transmis. Sept d'entre eux correspondent au *Sept Planètes* dont nous avons déjà parlé et dont chacune est consacrée à un jour de la semaine.

I. — Le Soleil *(jour consacré : le Dimanche). Métal correspondant : l'or.* Ce talisman doit être composé d'une plaque de l'or le plus fin, ronde et bien polie ; sur l'une des faces se trouve gravée l'image du roi Soleil sur son trône, un sceptre dans la main droite, et dominant un lion rugissant couché à ses pieds. A l'envers se trouve un carré composé de six colonnes de chiffres dont les additions doivent donner comme total pour chacune d'elles le chiffre mystérieux de 111.

Les propriétés du talisman du Soleil consistent en ce que la personne qui le portera avec *confiance* et *révérence* s'attirera la bienveillance des riches et des puissants de la terre et en retirera honneur et profit (figure 3).

Figure 3

II. — La Lune *(jour consacré : le Lundi)*. *Métal correspondant : l'argent*. Ce talisman doit être composé d'argent absolument pur de tout alliage. La plaque ronde bien polie porte sur sa face une gravure représentant une femme dont les pieds reposent sur un croissant, une étoile au-dessus de la tête, la main droite tenant un hibou. Sur l'envers est une combinaison numérique sur neuf lignes dont les totaux donnent le chiffre mystérieux de 369. Ce talisman est spécialement favorable contre les vols ou pertes d'argent ; il assure aux laboureurs et aux négociants le succès dans leurs transactions (fig. 4).

III. — MARS *(Jour consacré : le Mardi), Métal correspondant : le fer.* — Ce talisman est en fer et représente la figure du Dieu Mars ; au verso, comme pour les autres, est une combinaison numérique mystérieuse. Il donne la force et la vigueur et rend invincible celui qui, confiant, le porte avec révérence.

IV. — MERCURE *(Jour consacré : le Mercredi). Métal correspondant : le mercure ou vif argent* représente la figure de Mercure, un caducée dans la main droite, des ailes à la coiffure et au talon. Il développe l'aptitude aux sciences et rend la mémoire si heureuse qu'on retient tout avec facilité. Il guérit de la fièvre et donne des songes dans lesquels on voit ce que l'on souhaite de savoir.

V. — JUPITER *(Jour consacré : le Jeudi). Métal correspondant : l'étain.* Ce talisman

FIGURE 4

représente un juge tenant un livre de loi ; au-dessus de sa tête, une étoile. Il a la propriété d'attirer la bienveillance de tous ; il dissipe les chagrins et les frayeurs, et peut faire multiplier les choses avec lesquelles on l'enveloppe.

VI. — Vénus *(Jour consacré : le Vendredi). Métal correspondant : le cuivre.* Une figure de femme légèrement vêtue, une étoile sur la tête, un amour avec son arc et ses flèches à sa droite. Ce talisman, porté avec confiance et respect, aura la propriété d'attirer les bonnes grâces des personnes dont on recherche l'affection ; il préside aux réconciliations ; il rend industrieux et amoureux de la musique.

VII. — Saturne *(Jour consacré : le Samedi). Métal correspondant : le plomb.* Il est représenté par un vieillard ailé tenant une faux ; un sablier est à côté de lui. D'un grand secours dans les maladies et particulièrement à la délivrance des femmes dont les couches sont ordinairement difficiles, il est encore un bon préservatif en voyage contre les accidents ou les attaques des malfaiteurs.

Mais il est à noter que tous ces talismans, pour jouir de leur complète efficacité, doivent être gravés au jour de la planète et encore quand elle se présente sous de certaines combinaisons avec les autres planètes sympathiques; l'opération de la gravure comporte aussi des formalités sans lesquelles la propriété favorable du talisman serait certainement compromise. Chacun d'eux porte au verso une combinaison numérique mystérieuse.

On doit encore conserver le talisman avec le plus grand soin, enveloppé dans un morceau de soie, et, quand il est porté sur le corps, il doit être caché dans une pochette en place noble, de préférence au côté gauche de la poitrine ou dans la coiffure, dissimulé sur le côté droit.

Il existe d'autres talismans dont la vertu passe pour être plus grande encore, et qui sont établis dans un but spécial avec des évocations encore plus complexes et mystérieuses. Les figures qu'ils représentent sont généralement peu suggestives pour les profanes, car ils ne sont guère gravés que de signes hyérogliphiques ou hébraïques, ou quelquefois accompagnés de formules en sanscrit, en grec ou en latin.

Mais s'il est certain que ces talismans peuvent avoir quelque influence sur le sort des personnes qui les portent ou qui les possèdent, il n'y a là rien d'absolu, et c'est le cas ou jamais de répéter avec le fabuliste : « Aide-toi, le Ciel t'aidera ».

Quand, par exemple, on dit du talisman de Jupiter qu'il peut faire multiplier les choses au milieu desquelles on le place, il ne faut pas croire que, placé dans un coffre où se trouvent des valeurs, des pièces d'or et d'argent, il augmentera de lui-même le nombre de ces pièces. Cependant, si l'esprit du possesseur de ce talisman porte vers lui une attention révérente, il est certain qu'il sera frappé de la nécessité de ne pas laisser diminuer son trésor et que, au contraire, il fera tous ses efforts pour l'augmenter. Pénétré de cette idée, chaque fois qu'il reverra ce signe de métal, il sentira que réellement il en est aidé en ce sens que, lui rappelant mystérieusement sa tâche, ce métal consacré lui donne la confiance et la force de l'accomplir. Il en est de même de tous les signes et de toutes les formules qui, ayant été consacrées dans de certaines conditions, sont ainsi capables de fixer dans l'esprit des hommes la volonté de réussir.

En outre des talismans, de leurs recherches horoscopiques et alchimiques, l'art de connaître l'avenir était aussi l'objet des études des magiciens et, dès la plus haute antiquité, ils avaient construit des miroirs particuliers dans la contemplation desquels ils découvraient les réponses à ce qu'ils désiraient savoir. Encore et, surtout à cette occasion, il est bon de rappeler que la règle fondamentale de toute expérience occulte est de ne jamais se servir d'aucun objet avant de l'avoir consacré et de ne jamais rien commencer sans une invocation à l'Invisible Esprit !

Nous ne pouvons mieux le faire comprendre qu'en reproduisant quelques-unes des formules qui avaient la vertu de provoquer les apparitions dans les miroirs magiques.

Ainsi, toute tentative de clairvoyance devra être précédée d'une consécration de l'instrument. Nous allons énumérer et décrire quelques-uns de ces rites en commençant par le plus simple.

Lucidité au verre d'eau. Papus recommande le procédé suivant, applicable dans un salon mondain aussi bien que dans le silence de l'oratoire.

« Le miroir magique le plus simple se compose d'une coupe en *cristal* (et non en verre) remplie d'eau juqu'au bord et posée sur une table recouverte d'un linge blanc. Derrière la coupe, on place deux bougies, et tout est prêt pour l'opération. Cette opération nécessite le concours de deux personnes : un sujet et un directeur.

« Le sujet s'assied en face de la coupe de manière à bien voir la surface horizontale de l'eau.

« C'est alors que l'opérateur s'approche et restant debout, place sa main droite étendue sur la tête du sujet en faisant appel par trois fois à ANAEL, l'ange qui préside à cette opération.

« Au bout d'une minute (en cas de réussite) le sujet voit l'eau bouillir : puis, les couleurs du spectre apparaissent, et enfin des Visions se manifestent et des réponses aux questions mentales sont données ».

Miroir Métallique

Voici le rite de consécration employé

par les magistes occidentaux du moyen âge, tel que le donnent plusieurs manuscrits.

« Prenez une plaque luisante et bien polie d'acier légèrement concave, et écrivez dessus avec le sang d'un pigeon mâle, blanc, aux quatre coins du miroir les noms :

Jéhovah   Elohim
Mitatron   Adonay

et mettez ledit acier dans un linge neuf, très propre et blanc. Lorsque vous apercevez la Lune nouvelle à la première heure après le soleil couché, approchez-vous d'une fenêtre, regardez le ciel avec dévotion et dites :

« *O Eternel! O Roi éternel! Dieu ineffable qui avez créé toutes choses pour l'amour de moi, et par un jugement occulte pour la santé de l'homme, regardez-moi..... (prononcer ici son propre nom), votre serviteur très indigne, et considérez mon intention pure. Daignez m'envoyer votre ange* Anael *sur ce miroir, qui mande, commande et ordonne à ses compagnons et à vos sujets que vous avez faits. O tout puissant qui avez été, qui êtes et qui serez éternellement, qu'en votre nom ils prient et agissent dans la droiture pour m'instruire et me montrer ce que je leur demanderai.* »

Ensuite, jetez sur des charbons ardents le parfum convenable qui est le safran oriental, et parfumez le miroir en le mettant sur un réchaud neuf de terre cuite ou de fer, afin qu'il se trouve imprégné de la fumée dudit parfum, en le tenant de la main droite et disant trois fois l'oraison précédente.

Après l'avoir dite, soufflez trois fois sur le miroir et dites :

« *Venez Anaël, au nom du terrible Jéhovah, venez Anaël, par la vertu de l'immortel Elohim, venez Anaël, par le bras du tout-puissant Mitatron, venez à moi,......* (dites ici votre nom sur le miroir), *et commandez à vos sujets qu'avec amour, joie et paix ils fassent voir à mes yeux les choses qui me sont cachées. Ainsi soit-il. Amen.* »

Quand vous aurez fait ces choses, faites

le signe de la croix sur vous et sur le miroir, le premier jour et les suivants, pendant 45 jours de suite, à la fin desquels ANAEL apparaîtra dans le miroir, vous saluera et commendera à ses compagnons de vous obéir.

Remarquez qu'il ne faut pas toujours 45 jours pour parfaire le miroir ; souvent l'esprit apparaît le quatorzième jour. Cela dépend de l'intention, de la dévotion et de la ferveur de l'opérateur.

Lorsqu'il vous apparaîtra, demandez-lui ce que vous souhaitez, et priez-le d'apparaître toutes les fois que vous l'appellerez pour vous accorder vos demandes.

Par la suite, lorsque vous souhaiterez voir dans le miroir et obtenir ce que vous voudrez, il n'est pas nécessaire de réciter toutes les oraisons susdites ; mais après avoir parfumé le miroir, dites :

« *Venez, Anaël, sous votre bon plaisir etc....., jusqu'à Amen* ».

L'opération terminée, vous renverrez l'esprit en disant :

« *Je vous remercie, Anaël, de ce que*

vous êtes venu et que vous ayez satisfait à ma demande ; allez vous-en en paix et venez lorsque je vous appellerai ».

Le parfum d'Anaël est le Safran.

Miroirs Saturniens

Les disques et miroirs de ce genre ne pouvant rendre visibles que les esprits inférieurs ou mauvais, ou des objets physiques, il n'existe pas pour eux de consécration spéciale.

D'autres miroirs peuvent être confectionnés, sans doute, sans formalités et d'une manière plus simple, soit en métal, soit avec de la mine de plomb appliquée derrière une plaque ordinaire de verre ; ils pourraient encore, au bout d'un certain temps de contemplation par de certains sujets produire quelques hallucinations ; mais leur usage ne saurait donner de résultats sérieux.

Avec leurs incantations ordinaires, les magiciens du moyen-âge prétendaient encore pouvoir déterminer, à distance, sur les êtres, des influences physiques ou psychiques qui pouvaient, ou entraîner la mort d'un absent, ou bien faire naitre dans son esprit des accès, soit d'amour, soit de haine, pour une personne qui, jusqu'alors, lui avait inspiré un sentiment contraire.

On donnait à ces opérations longues et méticuleuses le nom d'envoûtements.

Ces procédés n'étaient pas seulement dangereux au point de vue des persécutions qui attendaient ceux qui étaient dénoncés comme se livrant à la magie ; ils l'étaient encore en ce sens que leurs pratiques absorbantes pouvaient par un choc en retour frapper les magiciens des mêmes maux dont ils voulaient atteindre leurs victimes.

Le plus souvent les envoûtements d'amour ou de haine étaient accompagnés, indépendamment des incantations et formalités mystérieuses, de philtres et de charmes qu'il fallait faire boire à la personne visée.

Mais parfois aussi les magiciens opéraient le charme à distance, non sans risques pour eux-mêmes.

Il est permis d'ajouter cependant quelque confiance dans l'efficacité de leurs doctrines, quand on a vu les résultats positifs extraordinaires obtenus par suggestion par des médecins spéciaux, qui ont été plongés dans l'étonnement, quand ils ont pu se prouver à eux-mêmes l'effet des médicaments présentés à distance.

Ce phénomène, aujourd'hui presque scientifiquement expliqué, et qui consiste à pouvoir disposer du périsprit d'un sujet, était depuis longtemps connu des envoûteurs et c'est sur lui qu'ils basaient leur action.

L'envoûtement de mort était généralement pratiqué de cette manière : il était fabriqué avec mille soins mystérieux une statuette de cire représentant en petit l'image de la personne condamnée. Il s'agissait ensuite, par la concentration de l'Esprit de l'opérateur qui devait dominer sa victime, de faire le *volt*, c'est-à-dire d'investir la statue de toute la sensibilité réelle de l'individu dont on veut, sans remède et sans retour, déséquilibrer et anéantir les forces. Une aiguille perce la statuette à l'endroit du cœur, et l'envoûté, ainsi frappé à distance, dépérit, dépérit jusqu'à complet épuisement; ou bien est, d'autres fois, foudroyé subitement.

Nous l'avons dit, l'envoûteur est parfois, par une réaction facile à comprendre, la première victime de ses machinations infernales, et nombre d'entre eux ont trouvé le juste châtiment de leurs maléfices et de leur crime avant d'avoir pu les perpétrer.

De ce même principe de l'envoûtement découlaient d'autres pratiques dont les résultats étaient tout aussi aléatoires, quelques sataniques que pussent être les cérémonies dont on les entourait. Tels sont la recherche des trésors, les sorts jetés, la messe noire, les sacrifices d'animaux, etc. Mais, sans doute, parce qu'elles faisaient encourir de grands dangers aux enchanteurs, ces pratiques ont été complètement délaissées et on en retrouverait difficilement aujourd'hui la tradition.

Telle est, dans son ensemble, comme dans ses détails les plus curieux, la science de la Magie, dépouillée autant qu'il a été possible, de son lourd et indigeste bagage psychologique.

Nous n'avons fait qu'exposer des doctrines diverses, et nous n'avons pas voulu convaincre. A nos lecteurs d'en tirer, dans la mesure de leur conscience, la part de crédit qu'on doit accorder aux unes et celle de défiance dans laquelle on doit tenir les autres.

CHAPITRE IX

IX

Les faux Magnétiseurs. — Leur système.
La double vue dévoilée.
Trésors cachés.
Malfaiteurs espagnols. — Conclusion.
Lettre au Docteur J.-W. Lorentz.

IX

Nous ne cesserons de répéter que ce qui a fait le plus de tort à la Magie, ce sont les Magiciens — Non pas ceux qui, forts de leurs recherches, poursuivaient leurs expériences en toute sincérité, mais ceux qui, avides de satisfaire les crédules, prétendaient leur donner la solution de tous leurs désirs et la guérison de toutes leurs maladies.

De nos jours, ce qui a le plus contribué à mettre la Magie à l'index, ce sont, dans les campagnes, les sorciers et sorcières et, dans les villes, les faux professeurs d'hypnotisme ou de magnétisme.

Il y a près d'un demi siècle que les phénomènes du magnétisme frappèrent l'imagination de la population des villes, et que, en même temps, de tous côtés, surgirent de faux savants prêts à simuler ces phénomènes et qui trouvaient dans le public déjà préparé, une proie crédule facile à abuser.

Leurs systèmes étaient souvent des plus ingénieux et des savants eux-mêmes pouvaient s'y laisser prendre.

Nous allons brièvement expliquer un des moyens les plus curieux employés par ces physiciens et qui, bien présenté, intrigua longtemps le public. Il s'agit de la seconde vue.

Voici la manière dont opèrent les faux magnétiseurs :

L'opérateur, après avoir présenté son sujet, une jeune femme le plus souvent, fait le simulacre de la plonger dans le sommeil magnétique, lui bande les yeux et annonce au public que cette personne va voir et désigner parfaitement tous les objets offerts par le public ; elle dira le numéro de tirage au sort pour les hommes; les fleurs pensées par les dames, le régiment dans lequel on aura servi, le ton d'un morceau de musique, le vin préféré, etc... elle fera des additions, des soustractions, des multiplications, etc. ; il suffit, en un mot, que le professeur voie ou connaisse les objets demandés, pour que l'intelligence du sujet saisisse à l'instant la pensée du maître.

Aussitôt qu'un objet est donné, le prétendu magnétiseur forme le nom de l'objet, soit qu'il s'adresse directement *au compère*, soit qu'il fasse semblant de s'adresser à la personne qui a donné l'objet. C'est-à-dire que par un alphabet bien établi à l'avance, et par une série de conventions toutes très ingénieuses, il arrive à paraître, vis-à-vis du public, faire une question absolument naturelle et qui, cependant, est composée de manière à dicter la réponse du sujet. En général, la séance préparée à l'avance est divisée en catégories, telles que la même phrase pourra s'appliquer pour provoquer la réponse soit d'un nombre, soit à un autre moment d'un nom propre, etc. Des phrases préparatoires, adressées au public, et qui lui paraissent être des explications nécessaires, sont, en réalité, pour le compère, des indications précises, l'avertissant que l'expérience va porter sur tel ou tel autre objet.

Pour mieux nous faire comprendre, nous allons citer un des vocabulaires usités en pareil cas :

Le chiffre 1 est représenté par la lettre D
» 2 » » L
» 3 » » G
» 4 » » P
» 5 » » Q
» 6 » » A
» 7 » » F
» 8 » » V
» 9 » » N
» 0 » » M

Q ou *Quel est* peut être pris pour un un seul mot, de même **A** ou *A présent*.

Ayant chargé quelques spectateurs d'écrire des chiffres ou des nombre sur une ardoise, l'opérateur pose ainsi ses questions :

Annoncez *le chiffre* posé (il s'agit d'un seul chiffre. — Réponse : 6.

S'adressant au spectateur : « Que Monsieur demande lui-même *le chiffre* qu'il a posé ». Dès que le spectateur a fait sa question, le sujet qui n'a eu qu'à retenir que la première lettre de la phrase de l'opérateur, répondra 5.

Il en sera de même des nombres, exemples :

Nommez-**N**ous *le nombre* posé (**Ṅ N**).— Réponse : 99.

Annoncez **L**e *nombre* posé (**A L**). — Réponse : 62.

Le sujet sait qu'il s'agit d'un nombre — la question le dit assez — et que ce nombre est seulement de *deux* chiffres puisqu'il n'y a pas d'autre indication. Quand ce nombre doit être de trois chiffres, le professeur fait précéder sa question de l'interjection toute naturelle « *Bien* », si le nombre est de quatre chiffre il dit « *Très bien* », s'il est de cinq chiffres il dit « *Eh bien* ..... », etc.

« *Bien*. **D**ites **C**e **N**ombre ! »
(3 chiffres) 1   3   9. — Réponse : 139.

« *Très bien*. **Q**uel **N**ombre **M**onsieur **A**-t-il posé ? »
(4 chiffres) 5   9   0   6. — Rép. : 5906.

Au spectateur :

« *Très bien.* **F**aites-**L**ui **V**ous-**M**ème la demande ».
(4 chiffres) 7 2 8 0. – Rép. : 7280.

Il en sera de même des lettres et des noms d'objets ou autres. Un alphabet conventionnel est composé par exemple de manière que chaque lettre soit représentée par celle qui la précède immédiatement.

B signifiera **A** et ainsi de suite.

C = **B** ; **D** = **C** ; **E** = **D**, etc ....

Exemple : « **B**ien, quelle *lettre* vient-on d'écrire ? ». — Réponse : **A**.

« **S**avez-vous la *lettre ?* » — Réponse : **R** ».

Naturellement, quand il s'agira de noms d'objets, il est convenu par exemple des catégories par l'emploi d'un certain mot dans la question et, selon que l'opérateur dira ce que je *touche*, ce que je *regarde*, ce que j'*indique*, cela pourra signifier qu'il s'agit des parties du corps, ou du vêtement, ou des objets portés usuellement sur soi ; si bien que l'esprit du sujet ne sera pas égaré.

D'autres conventions sont également

établies pour les mois qui correspondent de 1 à 12, les jours de la semaine, les heures et les minutes, les années, les dates, etc., etc.

Ainsi, pour les cartes à jouer, chacune des quatre couleurs sont désignées : *Cœur* par « *Bien* ». — Carreau, « *C'est bien* ». — Pique, « *Très bien* ». — Trèfle, « *Parfaitement* ».

Exemples :

Bien *(Cœur)*. **S**avez-vous la carte? (**S** = **R**). — Réponse : Roi de Cœur.

C'est bien *(Carreau)*. **E**t la carte de Monsieur? (**E** = **D**). — Réponse : Dame de Carreau.

Très bien *(Pique)*. **V**oyez la carte (**V** = **8**). — Réponse : Huit de Pique.

Parfaitement *(Trèfle)*. **D**ites **L**a carte (**D L** = **10**). — Réponse : Dix de Pique.

Il serait trop long et hors de notre programme de détailler en entier ce système de divination. Le peu que nous venons d'en expliquer suffira à éclairer le public sur cette question. Il sera même facile, par déduction, de comprendre comment sont obtenus d'autres tours du même genre dont tout le secret repose sur une clé analogue, et surtout sur l'entraînement mutuel du faux magnétiseur et de son sujet.

En dehors de ces subterfuges des séances publiques, et qui, dans leur genre, comportent néanmoins un certain mérite, il existe d'autres cas où, isolément, les personnes confiantes dans le somnambulisme peuvent être dupées d'une manière vraiment monstrueuse.

Et, le plus souvent, la victime n'ose pas se plaindre de peur du ridicule, c'est ce qui arrive quand, de prétendus somnambules, peu scrupuleux, étant de passage par un pays, demandent qu'on leur remette pour leurs expériences des bijoux ou des objets de grand prix ayant appartenu aux personnes dont on veut avoir des nouvelles. Il arrive souvent que, somnambules et objets, disparaissent sans laisser de trace. Dans ma carrière, déjà longue, j'ai eu souvent la confidence de plaintes de ce genre.

Il y a quelques années, je reçus la visite d'une dame qui désirait m'entretenir en grand secret d'une affaire du plus haut intérêt. Elle étala devant moi une volumineuse correspondance dont les enveloppes portaient le timbre d'Espagne. Voici l'histoire :

Un ancien noble espagnol qui avait, au moment de la guerre carliste, pris dans sa région la tête du mouvement insurrectionnel, avait finalement été arrêté et jeté en prison pour le restant de ses jours. Mais quelques temps avant de tomber aux mains des soldats réguliers, prévoyant que ses biens pouvaient être confisqués, il avait porté la plus grande partie de son trésor dans une cachette qu'il avait scellée lui-même. Il avait ensuite fait une longue relation écrite des valeurs, bijoux monnaies, etc. ..., que contenait le coffre caché dont la dimension et la place exacte étaient minutieusement mentionnées. Un plan précis accompagnait ce document.

Cette histoire, composée avec soin, présentait un certain caractère d'authenticité ; elle était accompagnée d'une lettre très pressante, datée de la frontière espagnole, où il était dit en substance :

« Madame,

« Je viens de rencontrer mon meilleur ami, M. X. (ici le nom d'une personne peu connue de la destinatrice), lequel ayant toute ma confiance, a été mis au courant de la situation inextricable dans laquelle nous nous trouvons. La signora Mercédès G. y. M., nièce directe du comte M. C., ainsi que les papiers ci-joints en font foi, ne peut rentrer en possession de l'héritage considérable auquel elle a un droit incontestable. Les formalités nécessaires sont si embrouillées et la situation si délicate, que nous ne saurions confier notre secret à des compatriotes. Nous savons qu'ici les gens sont, en général, trop bornés pour aider quelqu'un dans une affaire de ce genre, et que les autres sont trop peu dignes de foi et s'empresseraient de faire tourner à leur profit leur dénonciation. C'est pourquoi, Madame, vous, étant étrangère, nous reconnaissons avoir plus de raison de mettre toute notre confiance en vous, et vous faisons dépositaire de tous les documents qui constituent nos droits, et vous annonçons que si vous voulez bien venir sur place avec une petite somme, vous toucherez pour votre part, après l'infaillible résultat des recherches, 10 0/0 du capital récupéré, c'est-à-dire une somme qui ne saurait être inférieure à 300,000 fr. et qui vous serait garantie avant le commencement des fouilles ».

La personne qui me présenta tous ces documents et d'autres, — car la correspondance n'avait pas langui, — était tellement convaincue de l'existence de ces richesses, qu'elle me demandait de lui désigner, dans le sommeil, la somme exacte et la place vers laquelle il convenait de diriger le mystérieux travail.

Au grand désappointement de la consultante, l'expérience fut négative, et, au contraire, j'annonçais, — c'est elle-même qui me le répéta par la suite, — une série d'embûches dans laquelle on voulait peu à peu la faire glisser.

Elle se crut alors le droit de m'invectiver, et m'annonça qu'elle était venue me voir pour la dernière fois. Ils sont nombreux, les gens auxquels il faudrait toujours prédire ce qu'ils désirent, si l'on veut éviter leur mauvaise humeur.

Elle revint à deux mois de là, la pauvre femme, et me conta la triste fin de son aventure. Les malfaiteurs étaient arrivés à leur but : enlever à une personne trop crédule les quelques milliers de francs qui représentaient tout son avoir, sous prétexte de sauvegarder la fortune d'une orpheline de noble sang espagnol.

Pour elle comme pour bien d'autres, il était trop tard, et les conseils ne pouvaient consoler bien efficacement cette malheureuse dupe.

C'est donc aux personnes tourmentées d'un secret à ne pas toujours entendre la voix qui les flatte, mais à s'aider, sans cesse, dans la poursuite de la vérité, des conseils désintéressés, basés sur une expérience ancienne et une inaltérable conscience.

à Monsieur le Dr LORENTZ,

Vous l'avez vu en me lisant, mon cher et vénéré Maître, j'ai tenté de donner aux personnes qui n'ont pas le temps de pénétrer les mystères des Sciences occultes, des éléments matériels et moraux qui peuvent les guider dans leurs déductions.

Ce petit volume ne s'adresse donc pas aux lecteurs qui veulent approfondir les connaissances psychiques proprement dites ; mais à ceux pour qui les problèmes de l'Au-delà sont une évidence sur laquelle il convient d'arrêter ses réflexions.

Quand j'ai dû toucher aux doctrines, je me suis souvenue de vos enseignements, mais je n'ai pas voulu m'étendre outre mesure sur ce terrain. C'est pourquoi si à d'aucuns, ce modeste livre semble un peu vide de science ésotérique, aux autres lecteurs, aux dames en particulier, j'ai l'espoir qu'il pourra fournir un aperçu simple et précis de ces mystérieuses questions.

Encore une fois, cher et vénéré maître, merci de votre suffrage qui m'est si précieux.

Et Recevez, l'expression respectueuse de mon éternelle reconnaissance.

D. de la H.

TABLE DES MATIÈRES

	Pages
A Monsieur le Docteur J.-W. Lorentz.......	7
A Madame Dulora de la Haye.............	10
Avant-propos	15
Chapitre 1er. — Nécessité de la Précision dans la Signification des Mots; Les Sciences prétendues nouvelles; Les Savants officiels; Le Matérialisme universel; Programme du Livre....................	47
Chapitre 2. — L'Univers; La Matière et l'Espace; L'Ether; La Trinité, Loi universelle; Matière unique; Force unique sous deux aspects : Action et Réaction; L'Aérosóme ou Périsprit.............	63
Chapitre 3. — Mesmer et le Magnétisme animal; L'Hypnose; Les Expériences Hypnotiques de Charcot; La Suggestion; Le Docteur Luys et l'Action des Médicaments à distance; Théorie du Sommeil Hypnotique	85
Chapitre 4. — Différence de l'Hypnotisme et du Magnétisme; Les Magnétiseurs, leur Hygiène; La Persévérance dans le Traitement; Une Cure; Les Passes et les Impositions	103

Pages

Chapitre 5. — Les Rêves ; Les Somnambules par Auto-Suggestion ; Les Malades Suggestionnés ; Le Somnambulisme lucide ; L'Extériorisation de l'Aérosôme ; Les Objets servant de Guides ; Dans quelle mesure l'Avenir peut être prédit pendant le Sommeil.................................. 127

Chapitre 6. — Immortalité de l'âme ; Allan-Kardec et le Périsprit ; La Mort ; Les Esprits Familliers ; Manifestations Spirites ; Les Esprits Vindicatifs ; Nécessité de la Circonspection ; Prières aux Esprits Protecteurs pour éloigner les Mauvais Esprits 145

Chapitre 7. — Miracles, Apparitions réelles ; Thaumaturges hindous ; Suggestions des Foules ; Astrologie des Anciens ; Influence des Astres ; Le Zodiaque ; Horoscopes.. 173

Chapitre 8. — Talismans, Reliques et Médailles ; Notre-Dame de Lourdes ; Remèdes magiques dans les Accouchements ; Talismans des sept Planètes ; Miroirs magiques ; Le verre d'eau ; Miroirs métalliques ; Invocations ; Envoûtements 195

Chapitre 9. — Les faux Magnétiseurs ; Leur Système ; La double vue dévoilée ; Trésors cachés ; Malfaiteurs espagnols ; Conclusion ; Lettre au Docteur J.-W. Lorentz.. 223

Havre. — Imp. F. Le Roy, 15, rue Casimir-Périer.

www.ingramcontent.com/pod-product-compliance
Lightning Source LLC
Chambersburg PA
CBHW060128170426
43198CB00010B/1086